© 2016 ZS Verlag GmbH
Kaiserstraße 14 b
D-80333 München

ISBN 978-3-89883-524-4
1. Auflage 2016

Projektleitung	Eva-Maria Hege, Martina Solter
Rezepte & Texte	Marianne Zunner
Redaktionelle Mitarbeit & Lektorat	Katinka Holupirek
Grafische Gestaltung	Irene Schulz
Fotografie	siehe Bildnachweis (Seite 169)
Herstellung	Peter Karg-Cordes
Producing	Jan Russok
Druck & Bindung	G. Canale & C. S.p.A., Borgaro-Turin

Die ZS Verlag GmbH ist ein Unternehmen der Edel AG, Hamburg.
www.zsverlag.de | www.facebook.com/zsverlag

ECHT
ITALIEN

Über 100 kreative Rezepte von Marianne Zunner

INHALT

Mein Italien

Was ist das Erste, woran Sie spontan denken, wenn Sie Italien hören? Sonne, Strand und Meer? An bedeutende Künstler und Kulturgüter? Oder erinnern Sie sich an unbeschwerte Urlaubstage zurück?

Wenn ich Italien höre, dann habe ich sofort den würzigen Duft von Rosmarin und Thymian in der Nase, schmecke die fruchtige Süße reifer Tomaten auf der Zunge und fühle die knackige Kruste von frisch gebackenem Ciabatta – ich bin und bleibe eben eine leidenschaftliche Köchin. Die Freude am Essen und an guten Zutaten ist in Italien überall zu sehen: Gemüse, Kräuter und Obst werden mit Vorliebe frisch an Ständen auf dem Wochenmarkt eingekauft (und dabei ganz nebenbei der neueste Klatsch und Tratsch ausgetauscht), Geschäftsleute essen mittags ihre Tramezzini in der Trattoria ums Eck, und im Sommer werden die Gehsteige und Plätze zum erweiterten Restaurant, wenn man sich zum gemeinsamen Abendessen trifft – beim Essen steht ganz einfach der Genuss im Mittelpunkt.

Und weil Italien geografisch ein vielfältiges Land ist, mit langer Küste im Süden und bergigen Regionen im Norden, sind auch die kulinarischen Spezialitäten abwechslungsreich. Es gibt Klassiker mit Fisch und Fleisch, und natürlich Pizza und Pasta in unterschiedlichsten Varianten; gleich ist allen aber das Bewusstsein für eine traditionelle und im Grunde einfache Art der Zubereitung – schon so manches Familienrezept dürfte über Generationen von Ohr zu Ohr weitergegeben worden sein. Genauso, wie ich gerne koche: wenige gute Zutaten raffiniert kombiniert.

Und noch etwas verbindet mich ganz besonders mit diesem Land: Für mich gibt es nichts, was Menschen einander näherbringt als ein gutes gemeinsames Essen unter Freunden.

In diesem Sinne: Buon appettito!

DAS WICHTIGSTE VORAB

1 Wann soll Salz ins Nudelwasser?

Bitte erst salzen, nachdem das Wasser kocht. Bei Edelstahltöpfen kann das Salz, wenn es ins kalte Wasser gegeben wird und zu Boden sinkt, das Material angreifen.

2 Soll ich die Nudeln abschrecken?

Lieber nicht, sie würden ganz schnell auskühlen. Schütten Sie die al dente – also bissfest – gekochten Nudeln in ein Sieb, lassen Sie sie nur kurz abtropfen und mischen Sie sie am besten sofort mit der Sauce.

3 Brauche ich eine Nudelmaschine?

Nicht unbedingt. Für einfache Bandnudeln reicht auch ein Nudelholz. Gefüllte Nudeln wie Ravioli oder Tortelloni werden allerdings etwas feiner, wenn man die Teigplatten mit der Maschine dünn auswalzt.

4 Wie lange hält selbst gemachtes Pesto?

Damit keine Keime hineingeraten, sollten Sie das Pesto in ein Schraubglas füllen, den Rand sauber halten und darauf achten, dass das Pesto immer von einer dünnen Ölschicht bedeckt ist. So hält sich das Pesto etwa eine Woche im Kühlschrank.

5 Kann ich mit Olivenöl frittieren?

Zum Frittieren eignen sich raffinierte, d. h. industriell gewonnene Öle besser als edle kalt gepresste, denn man kann sie höher erhitzen. Nehmen Sie lieber ein einfaches neutrales Öl.

6 Wie wird die Pizza knusprig?

Pizzerien backen in speziellen Öfen, in denen die Pizza durch die große Hitze besonders kross wird. Im Haushaltsbackofen sorgt ein Pizzastein für die besten Ergebnisse: Stein vor dem Backen im unteren Ofendrittel etwa 30 Minuten bei 250 °C erhitzen.

7 Grana Padano = Parmesan?

„Echter" Parmesankäse (Parmigiano Reggiano) stammt aus einer ganz bestimmten Region Italiens. Grana Padano ist ein enger Verwandter aus einer anderen Gegend und preisgünstiger.

8 Gelingt Risotto mit Langkornreis?

Nein. Cremige Konsistenz bei gleichzeitiger Bissfestigkeit der Reiskörner – das klappt nur mit einem speziellen rundkörnigen Risottoreis, weil der beim Garen Stärke abgibt.

SO KOCHT ITALIEN

Das Land südlich der Alpen hat viel mehr zu bieten als nur Pizza und Pasta: Italien ist ein Flickenteppich unterschiedlicher Regionalküchen. Keine gleicht der anderen, aber jede ist für sich vorzüglich.

VON DEN ALPEN BIS SIZILIEN

Der Norden: Hohe Berge und ein langer Fluss
Wer von Deutschland aus nach Italien reist, kommt in den Bergen an. Hier wird deftige Alpenküche serviert: Wurst und Käse, Strudel und Knödel. *Südtirol* ist berühmt für seinen Speck, aus dem *Aostatal* kommt sanft schmelzender Fontinakäse. Am Fuße der Alpen breiten sich die fruchtbaren Ebenen von *Piemont* und *Lombardei* aus, durchschnitten vom längsten Fluss Italiens, dem Po. Reisfelder und fruchtbare Weiden bestimmen die Landschaft, es wird viel mit Butter, Sahne und Käse gekocht. Aus *Mailand* kommen Spezialitäten wie das mit Safran und Rindermark gewürzte Risotto alla milanese.

Die Mitte: Bauernland zwischen zwei Meeren
Italien besitzt 7 600 km Küste und eine lange Fischereitradition. Fischsuppe, gegrillter Fisch und Meeresfrüchte sind Spezialitäten, die von *Ligurien* bis *Kalabrien*, von *Venetien* bis *Apulien* und natürlich auf den Inseln wie *Sardinien* oder *Sizilien* aufgetischt werden. Dazwischen liegt der „Bauch" Italiens, die *Emilia Romagna*. In der Gegend um *Modena* und *Reggio Emilia* ist die Heimat des Aceto balsamico. Die Region *Parma* glänzt mit ihrem weltberühmten Duo: Parmaschinken und Parmesankäse. *Bologna* schwelgt in hausgemachten Eiernudeln, die üppig gefüllt und mit gehaltvollen Saucen serviert werden. Die *Toskana* lockt mit Spitzenweinen und einer jahrhundertealten Genießerkultur auf der Basis von erstklassigem Fleisch und Gemüse, besonders beliebt sind Bohnen aller Art. In *Umbrien*s bewaldeten

Hügeln wurde traditionell gejagt und gesammelt, man liebt Wild, Steinpilze und Trüffel. Innereien spielen in der römischen Küche eine große Rolle – ein Relikt aus der Zeit, in der Adel und Kirche dem Volk nur die minderwertigen Teile der geschlachteten Tiere übrig ließen. Heiß begehrt sind hier auch junge Artischocken, die so zart sind, dass sie nur kurz gebraten werden müssen.

Der Süden: Arme-Leute-Küche vom Feinsten
Südlich von *Rom* beginnt das ehemalige Armenhaus Italiens. In den bergigen Regionen von den *Abruzzen* bis *Kalabrien* musste die Fantasie der Köchinnen das karge Angebot der Natur ausgleichen. Viele der berühmtesten Gerichte Italiens sind aus der Cucina dei poveri (Küche der armen Leute) hervorgegangen. Kulinarische Exportschlager: die Pasta secca und die Pizza. Nudeln, die aus nichts als Hartweizen, Wasser und Salz bestehen, und ein Teigfladen, der noch etwas Hefe und Olivenöl enthält. Weil Fleisch teuer war, spielt regionales Gemüse die zweite Hauptrolle auf dem Teller: Tomaten, Auberginen, Paprika und Zwiebeln. Weil fruchtbare Weiden für Kühe fehlen, liefern Ziegen, Schafe und Wasserbüffel die Milch für aromatische Käsesorten wie den Pecorino. Wildwachsende Kräuter wie Rosmarin oder Thymian sorgen für Würze, Peperoncini (getrocknete Chilischoten) für Schärfe, Olivenbäume für erstklassiges Öl. Im Golf von Messina, der *Kalabrien* und *Sizilien* trennt, wird traditionell Schwertfisch gefangen. Auf der größten Insel Italiens sind bereits Einflüsse der nordafrikanischen Küche zu finden.

ITALIENISCHES KÜCHEN-ABC

aglio .... Knoblauch
al forno .... im Ofen überbacken
alla griglia.......... gegrillt
arrosto .... gebraten
brasato.............. Schmorbraten
carne .... Fleisch
casalinga............ hausgemacht
cotto .... gekocht
cozze................. Miesmuscheln
crudo .... roh
dolce................. süß (auch: Dessert)
fritto .... frittiert
formaggio .... Käse
in agro-dolce ...... süßsauer eingelegt
in brodo.............. in Brühe
in umido .... in Sauce gedünstet/gekocht
carne di maiale ... Schweinefleisch
carne di manzo ... Rindfleisch
pesce .... Fisch
pollame.............. Geflügel
pollo .... Hähnchen
ripieno .... gefüllt
tonno .... Thunfisch
verdure.............. Gemüse
vongole .... Venusmuscheln
zucca .... Kürbis

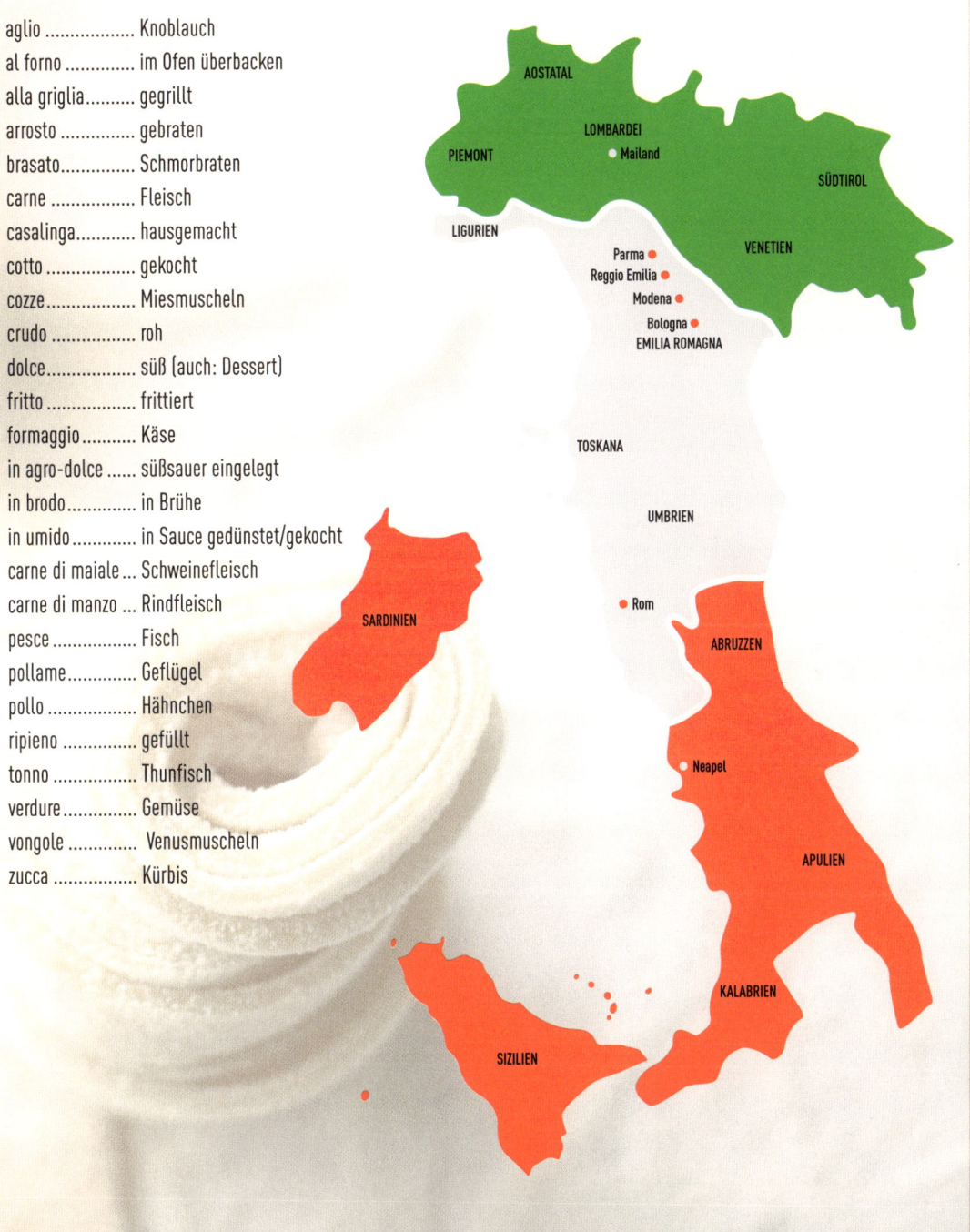

AOSTATAL
LOMBARDEI
PIEMONT
Mailand
SÜDTIROL
LIGURIEN
VENETIEN
Parma
Reggio Emilia
Modena
Bologna
EMILIA ROMAGNA
TOSKANA
UMBRIEN
Rom
SARDINIEN
ABRUZZEN
Neapel
APULIEN
KALABRIEN
SIZILIEN

Eine für Vieles

Eine gute Tomatensauce ist die Basis für zahlreiche Pasta-gerichte. Am besten, Sie kochen gleich mehr davon und frieren einen Teil ein. Für viele italienische Genussmomente …

TOMATENSUGO

1 Zwei große Dosen geschälte Tomaten (à 480 g Abtropfge-wicht) auf einem Sieb abtropfen lassen und die Flüssigkeit abspülen. Die Stielansätze entfernen, die Kerne heraus-drücken und das Fruchtfleisch grob hacken.

2 In einem Topf 3 EL Olivenöl erhitzen und 2 gewürfelte Schalotten darin andünsten. 1 angedrückte Knoblauchzehe und 2 Stiele Basilikum (im Ganzen) hinzufügen und kurz mitdünsten. Alles mit 1 gestrichenen TL Zucker bestreuen und karamellisieren lassen.

3 Die gehackten Tomaten dazugeben, die Sauce zum Kochen bringen und zugedeckt bei schwacher Hitze etwa 45 Minu-ten köcheln lassen. Zwischendurch gelegentlich umrühren.

4 Die Basilikumstiele und den Knoblauch wieder entfernen. Die Sauce kurz pürieren oder durch ein Sieb streichen. Nach Wunsch noch etwas einkochen lassen. Mit Salz und Pfeffer abschmecken und kurz vor dem Servieren frisch ge-schnittenes Basilikum unterrühren.

»*Das rote Gold Italiens*

PASTA-KLASSIKER AUF DIE SCHNELLE

Spaghetti alla napoletana: Den Tomatensugo mit frisch gekochten Spaghetti und reichlich zerzupften Basilikumblättern mischen. Mit Parmesan- oder Pecorino-spänen bestreut servieren.

Spaghetti all'amatriciana: Dazu Pancettawürfel in wenig Olivenöl anbraten, Tomatensugo dazugeben und etwa 5 Minuten köcheln lassen. Mit frisch gekochten Spaghetti oder Makkaroni mischen und mit geriebenem Parmesan oder Pecorino bestreut servieren.

Penne alla puttanesca: Den Tomatensugo erhitzen. Gehackte Sardellenfilets, halbierte und entsteinte schwarze Oliven und Kapern unterrühren und etwa 5 Minuten mitköcheln lassen. Mit frisch gekochten Penne oder Spaghetti mischen und mit geriebenem Parmesan oder Pecorino bestreut servieren.

100/1/10: *Die Nudel-Formel*

1 Bringen Sie pro 100 g Pasta 1 l Wasser in einem großen Topf zum Kochen und fügen Sie erst dann 10 g (etwa 1 EL) Salz hinzu.

2 Geben Sie die Nudeln ins sprudelnd kochende Wasser und garen Sie sie in der auf der Packung angegebenen Zeit. Dabei gelegentlich umrühren.

Zum Glück gibt's Nudeln

Italienische Teigwaren haben die Welt erobert. Denn sie sind so wandlungsfähig wie kein anderes Lebensmittel – und passen sich damit jedem Geschmack an.

FARFALLE, STELLINE, ORECCHIETTE

Schmetterlinge, Muscheln, Sternchen, Öhrchen und Rädchen. So fantasievoll wie die Namen der über 300 italienischen Pastasorten sind auch ihre Formen, und diese lassen keine Wünsche offen. Von langen Fäden und Bändern der Spaghetti, Linguine, Tagliatelle oder Pappardelle über die spiralig gedrehten Fusilli bis zu kurzen dicken, gerillten Röhren von Penne, Rigatoni oder Tortiglioni. Nicht zu vergessen die Vielzahl der von Hand gefüllten Köstlichkeiten wie die kringeligen Tortellini oder die fluffigen verschieden geformten Kissen von Ravioli, Anolini und Tortelloni. Bei dieser Vielzahl an Nudeln stellt sich für jeden Interessierten unweigerlich die Frage: „Wer hat sie eigentlich erfunden?" Doch darauf gibt es keine ganz schlüssige Antwort. Denn wie die Nudel nach Italien kam, ist nicht geklärt. Ob es wirklich der venezianische Kaufmann Marco Polo war, der sie aus China importiert hat oder ob sie mit arabischen Kaufleuten in Genua, Neapel oder Sizilien ins Land kam – keiner weiß es genau. Tatsache aber ist, dass geschickte italienische Hausfrauen es aus der Not heraus verstanden haben, aus nichts als Mehl, Wasser, Salz und viel Fantasie ein Lebensmittel herzustellen, dass nicht nur sehr preiswert, sondern dazu auch noch sehr lange haltbar war. Und aus dem man mit wenigen Zutaten eine echte Köstlichkeit zaubern konnte. So wurde das Pastamachen perfektioniert und im Laufe der Zeit kam auch mehr und mehr Farbe ins Spiel: Natürliche Rohstoffe wie Eier, Safran, Spinat, Kräuter oder Tomatenmark färben Teigwaren gelb, grün und rot. Damit sind der Fantasie also in keinerlei Hinsicht Grenzen gesetzt.

> *Nudeln sind der Inbegriff italienischer Küche*

> *Köstlich und gesund: die Vollkorn-Variante*

MAL MIT, MAL OHNE EI

Es gibt zwei Arten von Nudeln: Pasta secca, getrocknete Nudeln aus Hartweizenmehl ohne Ei, und die Pasta fresca, Frischteignudeln, die Eier enthalten. Die Herstellung der Hartweizennudeln ist zeitaufwendig und erfordert sehr viel Fingerfertigkeit – in früheren Zeiten beherrschten viele Hausfrauen diese Kunst meisterhaft. Inzwischen werden die Nudeln aber fast ausschließlich maschinell hergestellt. Eiernudeln dagegen kann man problemlos selber machen, denn das Ei im

Teig macht diesen weicher und elastischer und somit leichter in der Verarbeitung: Er lässt sich einfacher kneten und kann nach dem Ruhen auf der bemehlten Arbeitsfläche sehr dünn ausgerollt werden. Dabei helfen auch von Handkurbeln angetriebene Haushalts-Pastamaschinen, die mit Aufsätzen die Teigplatten anschließend auch in verschieden breite Bänder schneiden. Traditionell sind Eiernudeln eher im Norden Italiens zu Hause, Hartweizennudeln eher im Süden.

> Kleine Schwestern der Ravioli: frische Agnolotti

> Wer will, der kurbelt selbst an der Nudelmaschine

WELCHE NUDEL ZU WELCHER SAUCE?

Sie essen am liebsten Spaghetti? Jeder hat eine ganz bestimmte Nudelsorte, die er besonders mag, egal mit welcher Sauce. Doch jede Nudel, egal ob glatt oder gerillt, ob kurz oder lang, ob gefüllt oder schlicht, hat andere Eigenschaften und bevorzugt andere Partner. Die üppig gefüllten Eiernudeln mögen die dezente Gesellschaft von zerlassener Butter und Salbei oder von einer leichten Tomatensauce. Die robusteren Hartweizennudeln dagegen und Vollkornteigwaren gene-

rell vertragen auch einen deftigen Sugo oder eine sämig-würzige Fleischsauce. Ist die Pasta dagegen sehr fein und schmal, sollte die Sauce nicht zu dominant sein. Hier sind milde Saucen aus Käse, Ei und Sahne, ein Pesto oder eine Sauce auf Olivenölbasis die richtige Wahl. Und für Fans von viel Sauce gilt: Je mehr Wölbungen, Rillen und Öffnungen eine Nudel hat, desto mehr Flüssiges hält sich in den Vertiefungen und lässt sich damit mithilfe der Gabel in den Mund befördern.

Weiße Italiener

Käse ist in der italienischen Küche allgegen-
wärtig. Er wird über Pasta und Risotto gestreut,
steckt in Saucen, Füllungen, Salaten und sogar
Süßspeisen. Ein Überblick:

1_MOZZARELLA ist elastisch, schmilzt gut und
ist perfekt zum Überbacken, für Füllungen
oder pur in Salaten. Besonders gut: Mozzarella di bufala (Büffelmozzarella).

2_RICOTTA FRESCA ist ein quarkähnlicher,
milder Frischkäse. Köstlich in Kuchenfül-
lungen und Desserts, aber auch in Pastasaucen.

3_BEL PAESE erinnert im Geschmack an But-
terkäse, mit einer leicht säuerlichen Note.
Schmilzt hervorragend.

4_TALEGGIO genießt man zum Abschluss eines
Menüs oder lässt ihn in Polenta oder Risotto
schmelzen.

5_PARMESAN ist ein Hartkäse und ein Muss
zur Pasta, aber auch tolle Würze von Saucen
und Füllungen. Schmeckt genauso knusprig
überbacken oder pur zu Wein und Früchten.

6_PECORINO wird aus Schafsmilch hergestellt
und wie Parmesan verwendet. Bekannteste
Sorten: Pecorino sardo und Pecorino romano.

7_GORGONZOLA wird als cremiger Gorgonzola
dolce oder festerer, intensiver Gorgonzola pic-
cante angeboten. Fein-schmelzend in sahnigen
Pastasaucen, im Risotto oder pur zum Wein.

8_PROVOLONE wird ähnlich wie Mozzarella
hergestellt, ist aber haltbarer, da ihn eine
Wachsschicht vor dem Austrocknen schützt.

Ein Brot für alle Fälle

Ob in Nord- oder Süditalien – ein gut gefüllter Brotkorb gehört zum Essen. Eines der beliebtesten Brote ist das luftige Ciabattabrot. Man kann es ganz einfach selber machen.

CIABATTA: *(für 1 großes Brot à ca. 750 g)*

1 250 g Mehl (Type 550) mit 250 g Hartweizengrieß und ½ Päckchen (1 TL) Trockenhefe in einer Schüssel mischen. 1 gehäuften TL Salz in 350 ml lauwarmem Wasser auflösen und dazugeben.

2 Die Zutaten gut mischen und zugedeckt etwa 1 Stunde gehen lassen. 1 EL Öl unterkneten und den Teig 1 weitere Stunde gehen lassen.

3 Den Teig aus der Schüssel auf eine gut mit Mehl bestäubte Frischhaltefolie gleiten lassen und durch Anheben der Folie zu einem länglichen Laib formen.

4 Den Teig mithilfe der Folie auf ein gefettetes und mit Mehl bestäubtes Blech geben und mit einem Küchentuch zugedeckt 1 Stunde gehen lassen.

5 Den Backofen auf 220 °C vorheizen. Das Ciabatta im Ofen auf der mittleren Schiene 25 Minuten backen. Herausnehmen und auf einem Gitter abkühlen lassen.

»Kein Mahl taugt
ohne Brot.

EXTRAS FÜRS AROMA

Mit Oliven Nach dem Öl 50 g grob gehackte entsteinte Oliven unter den Ciabattateig kneten und wie beschrieben weiterverarbeiten.

Mit Tomaten Nach dem Öl (am besten gleich das Einlegeöl der Tomaten verwenden) 50 g in feine Würfel geschnittene getrocknete Tomaten unter den Ciabattateig kneten und wie beschrieben weiterverarbeiten.

Mit Kräutern Vor dem Backen das Brot mit 1–2 TL grob zerdrückten Fenchelsamen oder getrocknetem Oregano bestreuen.

VIELSEITIG & LECKER

Als Bruschetta Ciabatta in Scheiben schneiden. Mit Olivenöl beträufeln und auf dem Gitter im auf 200 °C vorgeheizten Ofen knusprig backen. Herausnehmen und mit halbierten Knoblauchzehen einreiben. Nach Belieben mit Tomatenwürfeln belegen oder einen Gemüseaufstrich darauf verteilen.

Im Salat Ciabatta in hauchdünne Scheiben schneiden, in einer Pfanne im heißen Öl mit einigen Thymianzweigen knusprig braten. Abkühlen lassen, in grobe Stücke brechen und kurz vor dem Servieren unter den Salat mischen.

In der Minestrone Ciabatta (am besten vom Vortag) auf dem Gitter im auf 200 °C vorgeheizten Ofen knusprig backen. Herausnehmen, mit halbierten Knoblauchzehen einreiben und mit Olivenöl beträufeln. In tiefe Teller legen und mit der heißen Suppe auffüllen.

Hier geht's um die Wurst

Wer einmal in einer Salumeria gestanden hat, ist fasziniert von der Vielfalt der italienischen Wurstwaren. Hier hängt der Himmel voller Schinken, Speck und Salami.

1_BRESAOLA, der luftgetrocknete Rinderschinken aus dem Veltlin, ist äußerst fettarm.

2_PANCETTA ist durchwachsener Schweinespeck, der u. a. für Spaghetti carbonara verwendet wird.

3_SALAMI: Dazu gehören die klassische Mailänder Salami, mit wildem Fenchel gewürzte Finocchiana und diverse chilischarfe Sorten.

4_COPPA wird aus Schweinefleisch hergestellt. Schmeckt als Antipasto, kann aber auch gebraten und für Pasta verwendet werden.

5_PARMASCHINKEN sollte immer ganz frisch aufgeschnitten werden, so kommt sein typisches süßlich-würziges Aroma am besten zur Geltung.

6_MORTADELLA wird meist hauchdünn aufgeschnitten und sollte noch am Tag des Einkaufs verspeist werden.

7_PROSCIUTTO COTTO findet in Pasta, Füllungen und als Antipasto Verwendung.

8_CACCIATORE ist eine salamiähnliche Dauerwurst, die wegen ihres handlichen Formats traditionell als Proviant bei Jägern (ital. Cacciatore) und Waldarbeitern beliebt ist.

So duftet Italien

Die herrlichsten Kräuter wachsen im sonnigen Italien quasi vor der Haustür. Und werden beim Kochen selbstverständlich großzügig verwendet.

SENSIBLES TRIO: *Basilikum, Petersilie und Minze*

Basilikum: Kein Küchenkraut verbinden wir mehr mit Italien als Basilikum. Die duftenden, leuchtend grünen Blätter bilden die Basis des Pesto alla genovese, der berühmten Kräutersauce aus Ligurien, und harmonieren perfekt mit Tomaten in der Pasta, in Salaten, Antipasti und auf der Pizza. Basilikum ist empfindlich und verliert schnell an Aroma, deshalb sollte es nie mitgaren, sondern immer möglichst kurz vor dem Essen abgezupft und zerkleinert werden.

Petersilie ist ein Allrounder. Man findet sie in Pastasaucen und im Risotto, sie würzt Fisch- und Fleischgerichte, Gemüse und Hülsenfrüchte. Petersilienblätter nehmen kurzes Mitgaren nicht übel, oft wird ein Teil des Krautes mitgeschmort, der Rest dann frisch ans Essen gegeben.

Minze gibt Gerichten eine unnachahmliche frische Note, sollte aber immer sparsam dosiert werden, damit sie nicht penetrant schmeckt. Sie passt hervorragend zu grünem Gemüse wie Erbsen und Zucchini, zu frischen Beeren sowie zu fruchtigen Desserts und cremigen Kuchen aus Ricotta und Mascarpone. Auch hier gilt: bitte nicht mitgaren und möglichst frisch verwenden.

DIE ROBUSTEN VIER: *Rosmarin, Salbei, Thymian und Oregano*

Diese Aromapflanzen lieben die Sonne. Anders als ihre feinblättrigen Verwandten entfalten sie ihre Würzkraft auch bei großer Hitze. In Suppen, Saucen oder deftigen Schmorgerichten kann man zum Aromatisieren ganze Zweige mitgaren und anschließend wieder entfernen. Zerkleinert man Blättchen oder Nadeln vorher oder verwendet sie in getrocknetem Zustand, würzen sie noch intensiver, sollten also besser sparsam dosiert werden.

Rosmarin (im Bild ganz unten) passt perfekt zur Minestrone, rustikalen Fleischgerichten mit Rind und Lamm, gebratenen Kartoffeln und Gemüsen wie Auberginen und Zucchini. *Salbei* (darüber) ist eine köstliche Ergänzung von hellen Pastasaucen, Bohnen, Kalbfleisch und Innereien. Oft werden die ganzen Blätter in Butter oder Olivenöl leicht knusprig gebraten und geben dabei ihr Aroma an das heiße Fett ab, in dem man später Nudeln wendet oder Schnitzelchen und Leber brät. *Thymian* (darüber) würzt alle Arten von Gemüse, Tomatensaucen, Mittelmeerfisch und begleitet gerne Schweinefleisch. Das herbe Aroma von *Oregano* (oben) rundet Spinat, Bohnen-, Tomaten- und Lammgerichte ab.

PESTO ALLA GENOVESE

1 Im Blitzhacker oder in der Küchenmaschine 100 g gewaschene und trocken getupfte Basilikumblätter mit 70 g gerösteten Pinienkernen pürieren.

2 Dann 2 bis 3 geschälte Knoblauchzehen und 100 ml natives Olivenöl untermixen. Anschließend je 50 g geriebenen Parmesan und Pecorino unterrühren und das Basilikumpesto mit Salz und Pfeffer würzen.

UN CAFFÈ, PER FAVORE

Italienische Kaffeespezialitäten gehören auch bei uns längst zum Alltag. Bei einer Tasse Cappuccino & Co fühlen wir uns wie in bella Italia.

ESPRESSO, CAPPUCCINO & CO.

Die italienische Kunst der Kaffeezubereitung hat sich hierzulande schon fast zu einem Kult entwickelt. Wer auch zu Hause nicht auf Espresso, Cappuccino und Latte macchiato verzichten will, kann mit der richtigen Ausstattung ganz einfach in den Genuss kommen. Es muss nicht unbedingt eine Kapselmaschine, ein Kaffeevollautomat oder eine Siebträgermaschine sein. Bereits mit der richtigen Wahl der gerösteten Kaffeebohnen, einer kleinen Espressokanne und einem Milchaufschäumer für den Herd lässt sich die ganze Palette der aromatischen und bekömmlichen italienischen Kaffeespezialitäten selbst zubereiten.

Der Milchaufschäumer macht aus Milch ruck, zuck echten Milchschaum. Die heiße Milch wird dabei durch einen Siebeinsatz gedrückt und so schön schaumig geschlagen. Noch schneller geht's mit einem batteriebetriebenen Miniquirl.

Jetzt fehlen nur noch die passenden (dickwandigen) Tassen oder Gläser, um den kleinen Espresso stilvoll zu servieren oder das Ganze mit aufgeschäumter Milch zum Cappuccino zu krönen. Als Abschluss eines gelungenen Essens gehört der Espresso einfach dazu. Ganz klassisch ist er stark und heiß, deshalb sollte man die Espressotassen vorher auch unbedingt vorwärmen. Die dunklen, glänzenden Kaffeebohnen werden für Espresso übrigens länger geröstet als für Kaffee und für die Verwendung in der Espressokanne fein gemahlen. Durch den längeren Röstvorgang enthält das Kaffeemehl für Espresso weniger Koffein, und damit eine Tasse Espresso auch weniger Koffein als eine Tasse herkömmlicher Filterkaffee.

> *Klassischer Espresso aus der Kanne*

> *Luftiger und stabiler Milchschaum*

DAS „WHO-IS-WHO" DES ITALIENISCHEN KAFFEES

„Prediamo un caffè?" – Trinken wir einen Kaffee? In Italien gehört Kaffee einfach mit dazu. Der schnelle Schluck Espresso im Vorbeigehen an der Theke ist sehr beliebt, einen Cappuccino trinkt man eher zu einem Brioche zum Frühstück. Mittlerweile gibt es in italienischen Bars und Restaurants ein breites Spektrum an Kaffeespezialitäten. Doch egal welche Auswahl Sie treffen, dazu wird Ihnen auf jeden Fall ein Glas stilles Wasser serviert. Damit Sie bei all der Vielfalt nicht den Überblick verlieren, hier eine kurze Beschreibung der wichtigsten Sorten.

Espresso, den kleinen Schluck kräftigen Kaffee, bekommt man in vielen Varianten, beispielsweise als *Ristretto,* dann ist er mit sehr wenig Wasser aufgebrüht und besonders stark und bitter. Als *doppio* bekommen Sie eine zweifache Portion Espresso, hingegen wird der Espresso als *Caffè lungo* mit Wasser verlängert.

Gehaltvollen Genuss verspricht der *Caffè corretto*: Hier wird der Espresso mit einem Schuss Grappa „verfeinert". Wer seinen Kaffee gern mit viel Milch trinkt, für den ist eine *Caffè latte*, der italienische Milchkaffee, genau das Richtige. Wird dafür Espresso verwendet, wird ein *Caffè macchiato* daraus (macchiato bedeutet übrigens „gefleckt"). Einen starken Espresso mit sehr viel aufgeschäumter Milch bekommen Sie, wenn Sie eine *Latte macchiato* bestellen.

Die weltweit bekannte und beliebte Spezialität schließlich trat von hier aus ihren Siegeszug an und bekam ihren Namen, weil der Espresso eine Kapuze („cappuccio") aus aufgeschäumter Milch trägt: *Cappuccino.*

Zu guter Letzt: Falls Sie einfach eine Tasse schwarzen Filterkaffee trinken möchten, dann gibt es den natürlich auch, bestellen Sie sich dafür einen *Caffè nero.*

ANTIPASTI

Bruschetta
mit Tomaten und Basilikum

ZUTATEN FÜR 8 STÜCK

500 g Tomaten
einige Basilikumstiele
Salz · Pfeffer aus der Mühle
8 dünne Scheiben Weißbrot
1 Knoblauchzehe
4 EL Olivenöl

ZUBEREITUNG // 🕐 20 min

1 Die Tomaten kreuzweise einritzen, überbrühen und häuten. Die Tomaten halbieren und entkernen, dabei die Stielansätze entfernen. Das Fruchtfleisch in kleine Würfel schneiden.

2 Das Basilikum waschen und trocken schütteln, die Blätter von den Stielen zupfen. Die Hälfte der Blätter in feine Streifen schneiden, den Rest für die Deko beiseitelegen. Die Tomatenwürfel mit den Basilikumstreifen mischen und mit Salz und Pfeffer würzen.

3 Den Backofengrill einschalten. Die Brotscheiben unter dem Backofengrill goldbraun rösten. Die Knoblauchzehe schälen und halbieren. Die heißen Brotscheiben mit der Knoblauchzehe auf einer Seite einreiben und mit dem Olivenöl beträufeln.

4 Die Tomaten-Basilikum-Mischung auf den Brotscheiben verteilen. Mit dem restlichen Basilikum garnieren und nach Belieben schwarzen Pfeffer grob darübermahlen.

TIPP *Bruschetta kommt aus den italienischen Abruzzen. Dort wird dafür statt Weißbrot kräftiges Bauernbrot genommen. Für den Geschmack ist es besonders wichtig, dass Sie vollreife, aromatische Tomaten und ein hochwertiges kalt gepresstes Olivenöl verwenden.*

Crostini
mit Sardellencreme

ZUBEREITUNG // 🕐 15 min

1 Die Sardellenfilets abtropfen lassen. Den Knoblauch und die Schalotte schälen und grob hacken.

2 Knoblauch, Schalotte, Crème fraîche und Sardellen in einem hohen Rührbecher mit dem Stabmixer fein pürieren. Dabei bei Bedarf etwas Milch hinzufügen, sodass eine cremige Masse entsteht. Mit Pfeffer und Zitronensaft abschmecken.

3 Die Baguettescheiben im Toaster oder unter dem eingeschalteten Backofengrill goldbraun rösten.

4 Die noch warmen Brotscheiben mit der Sardellencreme bestreichen und servieren.

ZUTATEN FÜR 4 PERSONEN

80 g Sardellenfilets (in Öl)
1–2 Knoblauchzehen
1 Schalotte
80 g Crème fraîche
Milch
Pfeffer aus der Mühle
Zitronensaft
12–16 dünne Scheiben Baguette

4 Portobellos (Riesenchampignons;
à ca.120 g; ersatzweise 8 große braune
Champignons)
40 g grüne Oliven (z. B. Taggiasca)
2 EL Pinienkerne
200 g Ziegenfrischkäse
1 EL gehackte Petersilie
Salz · Pfeffer aus der Mühle
8 Zweige Thymian
½ Scheibe Toastbrot (ohne Rinde)
2 EL geriebener Parmesan
3 EL Olivenöl

Gratinierte Champignons
mit Ziegenkäse und Pinienkernen

ZUBEREITUNG // 🕐 25 min

1 Die Pilze putzen und vorsichtig abreiben, falls nötig, waschen und gut trocken tupfen. Die Stiele aus den Pilzhüten schneiden.

2 Die Oliven in feine Würfel schneiden. Die Pinienkerne in einer beschichteten Pfanne ohne Fett anrösten. Frischkäse mit Oliven, Pinienkernen und der Petersilie verrühren und mit Salz und Pfeffer würzen. Thymian waschen und trocken schütteln, von 2 Zweigen die Blätter abzupfen und mit dem Toastbrot im Blitzhacker fein zerkleinern. Die Thymian-Brotbrösel mit dem Parmesan mischen.

3 Den Backofengrill einschalten. Das Olivenöl erhitzen und die Pilzhüte darin mit 2 Thymianzweigen auf jeder Seite etwa 3 Minuten braten. Mit Salz und Pfeffer würzen. Die Pilze mit der Öffnung nach oben in eine ofenfeste Form setzen. Die restlichen Thymianzweige zwischen die Pilze legen.

4 Die Ziegenkäsemischung auf die Pilzhüte verteilen und die Bröselmischung darübergeben. Die Pilze im Ofen auf der mittleren Schiene einige Minuten goldbraun gratinieren.

Mein Lieblingsrezept für...

Antipasti

PAPRIKARÖLLCHEN MIT ZIEGENKÄSE

🕐 40 min // Für 4 Personen

1 Vier große rote Paprikaschoten längs halbieren, entkernen, waschen und in Viertel schneiden. Die Paprikaviertel unter dem Backofengrill auf der obersten Schiene 10 bis 15 Minuten garen, bis die Haut dunkel wird und Blasen wirft.

2 Die Paprikaschoten herausnehmen, mit einem feuchten Tuch bedecken und abkühlen lassen. Die Schoten häuten.

3 Für die Füllung 2 EL Pinienkerne in einer Pfanne ohne Fett anrösten und abkühlen lassen. 6 bis 7 Basilikumblätter fein hacken.

Etwa 20 g getrocknete Tomaten in Öl und etwa 3 EL schwarze Oliven ohne Stein abtropfen lassen und in feine Würfel schneiden.

4 In einer Schüssel 150 g Ziegenfrischkäse mit 1 EL geriebenem Parmesan, den Pinienkernen, Oliven, Tomaten und dem Basilikum verrühren und mit Salz und Pfeffer kräftig abschmecken.

5 Jeweils 1 TL der Käsecreme auf den Paprikavierteln verteilen und je 1 Basilikumblatt darauflegen. Aufrollen und mit Holz- oder Cocktailspießchen feststecken. Die Röllchen nach Belieben auf Rucola anrichten.

Grissini
mit Parmesan

ZUBEREITUNG // 🕐 25 min // ❄ 30 min

1 Für den Teig das gesiebte Mehl, Butter, Parmesan, 4 EL Wasser, 1 Prise Salz sowie die Thymianblättchen auf der Arbeitsfläche mischen und rasch zu einem glatten Teig verkneten. Den Teig zu einer Kugel formen, in Frischhaltefolie wickeln und mindestens 30 Minuten kühl stellen.

2 Den Backofen auf 200 °C vorheizen. Vom Teig kleine Stücke abnehmen und auf der bemehlten Arbeitsfläche zu bleistiftdicken Grissinistangen ausrollen.

3 Ein Backblech mit Olivenöl einfetten und die Grissini darauflegen. Im Ofen auf der mittleren Schiene 10 bis 12 Minuten knusprig backen. Mit Schinken, Salami und Oliven servieren.

4 Alternativ mischen Sie fein gehackte Rosmarinnadeln unter den Teig, das verleiht den knusprigen Teigstangen ein ganz besonderes, mediterranes Aroma.

ZUTATEN FÜR CA. 20 STÜCK

200 g Mehl
100 g weiche Butter
50 g frisch geriebener Parmesan
Salz
2 TL Thymianblättchen
Mehl für die Arbeitsfläche
Olivenöl für das Blech

ZUTATEN FÜR 4 PERSONEN

150 g Rucola
2 EL Pinienkerne
1 Netz- oder Honigmelone
1 EL Olivenöl
150 g Parmaschinken (in hauchdünne
Scheiben geschnitten)

Melone
mit Schinken und Rucola

ZUBEREITUNG // 🕐 15 min

1 Den Rucola verlesen, waschen und trocken-
schütteln, grobe Stiele entfernen. Die Pinienkerne unter Rühren in einer Pfanne ohne Fett
goldbraun rösten.

2 Die Melone halbieren, die Kerne mit einem
Esslöffel entfernen und die Melonenhälften in
Spalten schneiden. Das Fruchtfleisch mit
einem scharfen Messer von der Schale schneiden, aber auf der Schale liegen lassen.

3 Das Melonenfruchtfleisch quer in kleine
Stücke schneiden und leicht versetzt auf der
Schale arrangieren.

4 Die Melonenspalten auf Teller setzen und den
Rucola dazugeben. Die Rucolablätter mit
dem Olivenöl beträufeln und mit den gerösteten Pinienkernen bestreuen. Den Parmaschinken daneben anrichten und nach Belieben mit grob gemahlenem Pfeffer bestreuen.

Knusprige Auberginen
mit Basilikum-Salsa

ZUTATEN FÜR 4 PERSONEN

Für die Sauce
2 Handvoll Basilikum
1 Knoblauchzehe
2 EL Zitronensaft
3–4 EL Olivenöl

Für die Auberginen
2 große Auberginen
Meersalz
Pfeffer aus der Mühle
2–3 EL Mehl
2 Eier
ca. 100 g Weißbrotbrösel
2 EL geriebener Parmesan
2 EL gehackte Petersilie
Olivenöl zum Ausbacken

ZUBEREITUNG // 🕐 30 min // ⏳ 30 min

1 Für die Sauce das Basilikum waschen, trocken schütteln und die Blätter abzupfen. Die Knoblauchzehe schälen und mit Basilikum, Zitronensaft, 1 bis 2 EL kaltem Wasser und Olivenöl in einem hohen Rührbecher mit dem Stabmixer fein pürieren. Die Sauce mit Salz und Pfeffer abschmecken und kühl stellen.

2 Für die Auberginen die Auberginen putzen, waschen und in etwa ½ cm dicke Scheiben schneiden. Mit Salz bestreuen und etwa 30 Minuten Wasser ziehen lassen. Die Auberginenscheiben mit Küchenpapier trocken tupfen und mit Pfeffer würzen.

3 Das Mehl in einen tiefen Teller füllen. Die Eier in einem tiefen Teller verquirlen. Die Brösel mit dem Parmesan und der Petersilie mischen und in einen dritten tiefen Teller geben. Die Auberginenscheiben zuerst im Mehl wenden, dann durch die Eimischung ziehen und zuletzt mit den Bröseln panieren.

4 Die Auberginenscheiben portionsweise im heißen Öl auf jeder Seite 2 bis 3 Minuten goldbraun ausbacken. Auf Küchenpapier abtropfen lassen und mit etwas Meersalz bestreuen. Die Basilikum-Salsa dazu servieren.

TIPP *Auf die gleiche Weise kann man Zucchinischeiben zubereiten. Servieren Sie alternativ zu Auberginen und/oder Zucchini hausgemachten Tomatensugo, evtl. auch eine Variation davon (siehe S. 14). Oder – zwar nicht ganz italienisch, aber dennoch lecker – Knoblauch-Gurken-Joghurt dazu reichen.*

Gebackener Mozzarella
mit Tomaten und Oliven

ZUBEREITUNG // 🕐 30 min

1 Die Mozzarellakugeln abtropfen lassen und in je 2 Schinkenscheiben einwickeln. Das Toastbrot entrinden und im Blitzhacker fein mahlen. Mehl und Toastbrotbrösel jeweils in einen tiefen Teller geben. Die Eier in einem tiefen Teller verquirlen. Die Mozzarellakugeln zunächst im Mehl wenden, dann durch die Eier ziehen und zuletzt mit den Toastbrotbröseln panieren.

2 Das Öl in einem großen Topf erhitzen. Es ist heiß genug, wenn sich an einem hineingehaltenen Holzlöffelstiel Blasen bilden. Die Moz-

zarellakugeln darin 3 bis 4 Minuten goldbraun frittieren. Herausheben und auf Küchenpapier abtropfen lassen.

3 Die Tomaten waschen und in dünne Scheiben schneiden, dabei die Stielansätze entfernen. Mit Salz und Pfeffer würzen. Das Basilikum waschen, trocken schütteln und die Blätter abzupfen. Die Tomatenscheiben auf Teller verteilen, Oliven und Basilikumblätter darüberstreuen. Je 1 Mozzarellakugel daraufsetzen und mit zwei Gabeln in der Mitte aufreißen. Mit Basilikumpesto beträufelt servieren.

ZUTATEN FÜR 4 PERSONEN

4 Kugeln Mozzarella (à 125 g)
8 Scheiben Parmaschinken
250 g Toastbrot · 3 EL Mehl
2 Eier · 1 l Öl
500 g Tomaten (Ochsenherz-, Strauch-
oder Eiertomaten)
Salz · Pfeffer aus der Mühle
½ Bund Basilikum
100 g schwarze Oliven
(ohne Stein; z.B. Kalamata)
2–3 EL Basilikumpesto (Pesto genovese;
siehe S. 25)

ZUTATEN FÜR 4 PERSONEN

½ l Gemüsebrühe

150 g Instant-Polenta (Maisgrieß)

50 g geriebener Parmesan

Salz

6 EL Olivenöl

8 Tomaten

Saft und abgeriebene Schale
von 1 Bio-Zitrone

Pfeffer aus der Mühle

Zucker

2 EL Kapern

2 EL Schnittlauchröllchen

2 EL gehackte Petersilie

Polenta-Taler
mit Tomaten und Kapern

ZUBEREITUNG // 🕐 35 min // ⏳ 30 min

1 Die Brühe aufkochen und die Polenta unter Rühren einrieseln lassen. 1 bis 2 Minuten köcheln lassen, dann vom Herd ziehen. Den Parmesan und etwas Salz unterrühren und die Polenta etwa 5 Minuten ausquellen lassen.

2 Ein Backblech mit 1 EL Olivenöl bestreichen, die Polenta etwa 1 cm hoch darauf glatt streichen und mindestens 30 Minuten abkühlen lassen. Dann Kreise mit einem Durchmesser von etwa 5 cm ausstechen.

3 Die Tomaten kreuzweise einritzen, überbrühen, kalt abschrecken, häuten, vierteln, entkernen und in kleine Würfel schneiden. Zitronensaft und -schale mit 4 EL Olivenöl verrühren und mit Salz, Pfeffer und 1 Prise Zucker würzen. Die Tomaten und die Kapern untermischen. Das restliche Olivenöl in einer Pfanne erhitzen und die Polenta-Taler darin auf beiden Seiten goldbraun braten. Auf Tellern anrichten, die Tomaten darauf verteilen und mit den Kräutern bestreut servieren.

Geflügel-Tramezzini
mit Kräutermayonnaise

ZUTATEN FÜR 4 PERSONEN

½ Bund Kerbel
2–3 Stiele Basilikum
8 EL Mayonnaise
Meersalz
gemahlener Safran
1 Msp. abgeriebene
Bio-Zitronenschale
1 Spritzer Zitronensaft
2 Hähnchenbrustfilets
(gegart; à ca. 150 g)
1 Mini-Romanasalat
4 Scheiben Tramezzinibrot
(siehe Tipp, oder 8 Scheiben
Sandwichbrot)

ZUBEREITUNG // 🕐 20 min

1 Kerbel und Basilikum waschen, trocken schütteln und die Blätter fein hacken. Die Mayonnaise mit den Kräuterblättern verrühren und mit Salz, 1 Prise Safran, Zitronenschale und -saft abschmecken. Die Hähnchenbrust in kleine Stücke zupfen.

2 Den Salat putzen, waschen und trocken schleudern. Die Salatblätter in dünne Streifen schneiden. Die Brotscheiben auf die Arbeitsfläche legen (vom Sandwichbrot vorher die Rinde entfernen) und dünn mit Mayonnaise bestreichen. Die restliche Mayonnaise mit dem Hähnchenfleisch mischen.

3 Auf der Hälfte der Brotscheiben die Hälfte der Salatstreifen und das Fleisch verteilen, dabei rundum einen kleinen Rand freilassen. Den restlichen Salat daraufgeben und die restlichen bestrichenen Brotscheiben darauflegen. Die Ränder andrücken und die Tramezzinibrote erst quer, dann diagonal halbieren (Sandwichbrote nur diagonal halbieren).

VARIATIONEN:

Für Tramezzini mit Ei die Brote mit 300 g Nordseekrabbensalat, 1 hart gekochten, gehackten Ei und Kresse belegen.

Für Tramezzini mit Lachs die Brote mit 150 g Crème fraîche (verrührt mit 2–3 TL geriebenem Meerrettich und etwas Dill), 1 Handvoll klein gezupftem Rucola und 200 g in Streifen geschnittenem Räucherlachs belegen.

Für Tramezzini mit Thunfisch die Brote mit 150 g Salatcreme (verrührt mit 100 g Thunfisch und 1 EL kleinen Kapern), 4 in Scheiben geschnittenen Tomaten und 1 in Streifen geschnittenen Mini-Romanasalat belegen.

TIPP *Tramezzinibrot bekommen Sie in italienischen Feinkostläden und gut sortierten Supermärkten. Das feinporige weiche Weißbrot hat keine Rinde und wird abgepackt in langen Rechteckscheiben angeboten.*

Tramezzini-Rolle
mit Paprika, Ricotta und Pistazien

ZUBEREITUNG // 🕐 25 min // ⧗ 30 min

1 Den Backofengrill einschalten. Die Paprikaschoten längs halbieren, entkernen und waschen. Unter dem Backofengrill garen, bis die
Haut Blasen wirft. Mit einem feuchten Tuch
bedecken, abkühlen lassen, häuten und in
schmale Streifen schneiden.

2 Ricotta, Parmesan, Zitronenschale, Honig
und Pistazien verrühren. Mit Salz und Pfeffer
würzen. Je 2 Brotscheiben leicht überlappend
auf die Arbeitsfläche legen, mit dem Nudelholz flach rollen. Mit Käsecreme bestreichen,
auf den unteren zwei Dritteln die Paprika-
streifen verteilen. Aufrollen, in Frischhaltefolie, dann in Alufolie wickeln und 30 Minuten ziehen lassen.

3 Den Rucola verlesen, waschen und trocken-
schütteln, grobe Stiele entfernen. Olivenöl mit
Zitronensaft verrühren, mit Salz und Pfeffer
würzen, Rucola untermischen.

4 Die Tramezzini-Rollen auswickeln, in Scheiben schneiden und mit dem Salat auf Tellern
anrichten.

ZUTATEN FÜR 4 PERSONEN

2 große rote Paprikaschoten
150 g Ricotta
50 g geriebener Parmesan
½ TL Bio-Zitronenschale
1 TL Honig
50 g gehackte Pistazien
Salz · Pfeffer aus der Mühle
4 Scheiben Tramezzinibrot
40 g Rucola
2 EL Olivenöl
1 EL Zitronensaft

ZUTATEN FÜR 4 PERSONEN

ca. 20 kleine Schalotten

3 EL Zucker · ¼ l roter Traubensaft

100 ml Aceto balsamico

275 g Blätterteig (auf Backpapier
ausgerollt; aus dem Kühlregal)

Mehl zum Bestäuben

4 kleine Feigen

180 g Ziegenkäserolle (oder Halloumi)

Balsamicozwiebeltarte
mit Feigen und Ziegenkäse

ZUBEREITUNG // ⏲ 35 min // ▦ 20 min

1 Die Schalotten schälen und den Wurzelansatz
nur so knapp abschneiden, dass sie beim
Kochen nicht zerfallen. Die Schalotten mit
Zucker, dem Traubensaft und dem Essig in
einem kleinen Topf sirupartig 15 bis 20 Minuten einköcheln lassen.

2 Den Backofen auf 200 °C vorheizen. Den
Blätterteig ausbreiten, mit Mehl bestäuben,
ausrollen und in 4 Rechtecke schneiden.
Auf ein mit Backpapier belegtes Backblech
legen und mit einer Gabel mehrmals einstechen, dabei einen Rand von 1 cm frei lassen.

3 Die Feigen putzen, waschen und vierteln. Den
Käse in kleine Würfel schneiden. Die Schalotten mit etwas Sirup auf den Teigplatten verteilen, die Feigenviertel daraufgeben und die
Käsewürfel darüberstreuen.

4 Die Tartes im Ofen auf der mittleren Schiene
20 Minuten goldbraun backen. Auf Teller
verteilen und servieren.

Vitello tonnato
Kalbfleisch mit Thunfischsauce

ZUTATEN FÜR 4 PERSONEN

Für das Kalbfleisch

ca. 400 g Kalbfleisch
(aus Oberschale oder Rücken)
Salz · Pfeffer aus der Mühle
2 EL Olivenöl
je 2 Zweige Rosmarin und
Thymian
2–3 Knoblauchzehen

Für die Thunfischsauce

2 Eier · ¼ l Öl
120 g Thunfisch (in Öl)
1 Sardellenfilet (in Öl)
1 TL Kapern
(in Meersalz eingelegt)
Limettensaft
Salz · Pfeffer aus der Mühle

ZUBEREITUNG // 🕐 40 min // ⏳ 2 h

1 Für das Kalbfleisch den Backofen auf 140 °C vorheizen. Das Kalbfleisch von Fett und Sehnen befreien, mit Küchengarn rund in Form binden und mit Salz und Pfeffer würzen. Das Olivenöl in einer ofenfesten Pfanne erhitzen und das Fleisch darin mit den Kräuterzweigen und dem angedrückten Knoblauch rundum etwa 5 Minuten anbraten. Dann im Ofen auf der mittleren Schiene etwa 30 Minuten garen.

2 Das Fleisch aus dem Ofen nehmen, abkühlen lassen und in Frischhaltefolie gewickelt mindestens 2 Stunden kühl stellen.

3 Für die Thunfischsauce die Eier mit dem Stabmixer aufschlagen. Das Öl erst tropfenweise, dann in einem dünnen Strahl hinzufügen und so lange weiterrühren, bis eine cremige Mayonnaise entstanden ist. Den Thunfisch abtropfen lassen, das Sardellenfilet hacken. Beides mit den Kapern vorsichtig unter die Mayonnaise mixen. Die Sauce mit Limettensaft, Salz und Pfeffer abschmecken und durch ein feines Sieb streichen.

4 Die Folie entfernen und das Fleisch in dünne Scheiben schneiden. Die Kalbfleischscheiben locker auf Tellern auslegen und mit der Thunfischsauce beträufeln. Das Vitello tonnato nach Belieben mit Limettenfilets, Kapernäpfeln und Schnittlauchröllchen garnieren.

TIPP *Füllen Sie die Thunfischsauce in eine kleine Spritzflasche – so können Sie sie besonders fein über das Kalbfleisch träufeln. Das sieht dekorativ aus und das Fleisch „ertrinkt" nicht in der Sauce.*

SUPPEN
UND SALATE

Ribollita
Italienische Bohnensuppe

ZUTATEN FÜR 4 PERSONEN

300 g getrocknete weiße Bohnen
300 g Weißkohl
1 Stange Lauch
1 Stange Staudensellerie
1–2 Zwiebeln
2 Knoblauchzehen
2–3 EL Olivenöl
1 TL gehackter Rosmarin
Salz · Pfeffer aus der Mühle
ca. 400 ml Gemüsebrühe
200 g Hörnchennudeln
2 Tomaten
gehackte Petersilie zum
Bestreuen

ZUBEREITUNG // ⏱ 20 min // 💧 12 h // 🍳 1 h 10 min

1 Die Bohnen in kaltem Wasser über Nacht einweichen. Am nächsten Tag die Bohnen im Einweichwasser etwa 45 Minuten bissfest garen.

2 Inzwischen vom Weißkohl die äußeren Blätter entfernen, den Kohl vierteln und den harten Strunk entfernen. Den Kohl in schmale Streifen schneiden. Den Lauch putzen, waschen und in schmale Ringe schneiden. Den Staudensellerie putzen, waschen und in Scheiben schneiden.

3 Die Zwiebeln und den Knoblauch schälen und in feine Würfel schneiden. Beides in einem großen Topf im heißen Olivenöl andüsten, den Rosmarin hinzufügen und kurz mitdünsten. Kohl, Lauch und Sellerie dazugeben und mit Salz und Pfeffer würzen. Die Bohnen in den Topf geben, die Brühe angießen und alles bei schwacher Hitze etwa 20 Minuten kochen.

4 Inzwischen die Nudeln in reichlich Salzwasser nach Packungsanweisung bissfest garen. Die Tomaten waschen und vierteln, dabei die Stielansätze entfernen. Die Tomatenviertel in Würfel schneiden. Tomaten und Nudeln in die Suppe geben und darin warm werden lassen. Die Ribollita mit Salz und Pfeffer abschmecken und mit der Petersilie bestreut servieren.

TIPP *Nach toskanischer Tradition wird die Suppe am Vorabend zubereitet und am nächsten Tag wieder aufgewärmt. Dann ist sie gut durchgezogen und schmeckt doppelt lecker.*

Mein Lieblingsrezept für...
Gemüsesuppe

WIRSINGSUPPE MIT PARMESAN

🕐 45 min // Für 4 Personen

1 1 kg Wirsing putzen, waschen, vierteln und in Streifen schneiden. 1 Knoblauchzehe und 2 Schalotten schälen und in feine Würfel schneiden. In einem Topf 2 EL Olivenöl und 1 EL Butter erhitzen. Den Wirsing darin unter Wenden 10 Minuten andünsten. Knoblauch, Schalotten und 2 TL Thymianblättchen dazugeben und 5 Minuten mitdünsten. Das Gemüse mit Salz würzen.

2 1½ l heiße Gemüsebrühe angießen und 1 Rosmarinzweig dazugeben. Die Suppe bei schwacher Hitze zugedeckt 20 Minuten köcheln lassen, dabei gelegentlich umrühren. Mit Salz, Pfeffer, etwas Chilipulver und frisch geriebener Muskatnuss abschmecken. Den Rosmarin wieder herausnehmen.

3 Den Backofen auf 200 °C vorheizen. 2 Knoblauchzehen schälen und halbieren. 8 bis 12 Scheiben Ciabatta im Ofen etwa 5 Minuten knusprig rösten. Herausnehmen und die Schnittflächen mit dem Knoblauch einreiben. Eine ofenfeste Form mit hohem Rand mit der Hälfte der Brotscheiben auslegen.

4 Darüber 50 g geriebenen Parmesan und die Suppe verteilen. Die restlichen Brotscheiben darauflegen und leicht in die Suppe drücken. Mit 50 g geriebenem Parmesan bestreuen und 3 bis 4 EL Olivenöl darüberträufeln.

5 Die Suppe im Ofen auf der zweiten Schiene von unten etwa 15 Minuten überbacken.

4

5

Frühlings-Minestrone
mit Basilikumpesto

ZUBEREITUNG // 🕐 1 h

1 Den Spargel waschen. Den weißen ganz, den grünen nur im unteren Drittel schälen und jeweils die Enden abschneiden. Die Spargelstangen in etwa 3 cm lange Stücke schneiden. Zucchino und Sellerie putzen, waschen und in Scheiben schneiden, die Zucchinischeiben halbieren. Die Möhren putzen, schälen und in etwa 3 cm lange Stücke schneiden. Die Erbsen palen, die Saubohnenkerne aus den Häutchen drücken. Die Zuckerschoten putzen, waschen und die Enden abknipsen. Die Kartoffeln schälen, waschen und vierteln.

2 Das Olivenöl in einem großen Topf erhitzen und die Kartoffeln mit den Möhren und dem Oregano darin andünsten. Sellerie und die Zuckerschoten dazugeben und kurz mitdünsten. Das restliche vorbereitete Gemüse hinzufügen und ebenfalls kurz mitdünsten. Die Brühe angießen und das Gemüse zugedeckt bei mittlerer Hitze 20 bis 30 Minuten garen.

3 Kurz vor Ende der Garzeit die Tomatenfilets in Streifen schneiden und in der Suppe kurz erwärmen. Die Minestrone mit Salz abschmecken und mit dem Pesto servieren.

ZUTATEN FÜR 4 PERSONEN

je 500 g weißer und grüner Spargel

1 Zucchino

6 Stangen Staudensellerie

1 Bund junge Möhren

800 g frische Erbsen

4 EL Saubohnenkerne

200 g Zuckerschoten

6 kleine festkochende Kartoffeln

4 EL Olivenöl

1 TL getrockneter Oregano

1 l Hühnerbrühe

8 getrocknete Tomaten (in Öl)

Salz

4 EL Basilikumpesto (siehe S. 25)

4 große Artischocken

Zitronensaft

2 EL Olivenöl

1 Knoblauchzehe

3 Schalotten

800 ml Gemüsebrühe

120 g kleine Suppennudeln

Salz

150 g weiße Bohnen (aus der Dose)

5 Stiele Petersilie

40 g Parmesan (am Stück)

Minestrone
mit Artischocken

ZUBEREITUNG // 🕐 40 min

1 Von den Artischocken die Stiele und die harten Blattspitzen im oberen Teil abtrennen, die verbliebenen Blätter rund um den Artischockenboden abschneiden. Das „Heu" mit einem Teelöffel herauslösen. Die Artischockenböden sofort in Zitronenwasser legen, damit sie sich nicht verfärben. Artischockenböden halbieren und in sehr dünne Scheiben schneiden. Das Olivenöl in einem Topf erhitzen, die Artischockenscheiben darin anbraten.

2 Knoblauch schälen und andrücken, Schalotten schälen und in feine Streifen schneiden.

Zu den Artischocken geben und kurz mitbraten. Mit der Brühe ablöschen und aufkochen lassen. Die Suppennudeln dazugeben und mit etwas Salz würzen. Alles zugedeckt bei mittlerer Hitze 6 bis 8 Minuten gar köcheln.

3 Bohnen in ein Sieb abgießen, abbrausen und abtropfen lassen. Petersilie waschen, trocken schütteln, die Blätter abzupfen und hacken. Die Bohnen und die Petersilie zur Suppe geben. Die Minestrone auf tiefe Teller verteilen, den Parmesan darüberhobeln. Nach Belieben mit Cocktailtomaten aus dem Ofen garnieren.

„Rote" Minestrone
mit Ricotta

ZUTATEN FÜR 4 PERSONEN

500 g Strauchtomaten
800 ml Gemüsebrühe
2 Stangen Staudensellerie
300 g Blumenkohl · 1 Möhre
1 weiße Zwiebel
1 Knoblauchzehe
4 EL Olivenöl
1 Bund Frühlingszwiebeln
150 g weiße Bohnen
(aus der Dose)
100 g Cocktailtomaten
200 g Erbsen (tiefgekühlt)
60 g Conchigliette
(kleine Muschelnudeln)
Salz · Pfeffer aus der Mühle
Chiliflocken
je 60 g Ricotta und
geriebener Parmesan

ZUBEREITUNG // 🕐 45 min

1 Die Strauchtomaten waschen und vierteln, dabei die Stielansätze entfernen. Das Fruchtfleisch in kleine Würfel schneiden und mit 200 ml Brühe in einen hohen Rührbecher geben. Mit dem Stabmixer fein pürieren, durch ein feines Sieb passieren und beiseitestellen.

2 Den Sellerie, den Blumenkohl und die Möhre putzen und waschen bzw. schälen. Den Blumenkohl in Röschen teilen, die Möhren und den Sellerie in 1 bis 1½ cm große Stücke schneiden. Die Zwiebel und den Knoblauch schälen und in feine Würfel schneiden.

3 Das Olivenöl in einem großen Topf erhitzen, die Zwiebel und den Knoblauch darin 1 bis 2 Minuten andünsten. Den Sellerie, den Blumenkohl und die Möhre dazugeben und 2 bis 3 Minuten mitdünsten. Mit dem beiseitegestellten Tomatensaft und der restlichen Brühe ablöschen und alles bei mittlerer Hitze 15 Minuten köcheln lassen.

4 Die Frühlingzwiebeln putzen, waschen und schräg in 2 cm große Stücke schneiden. Die Bohnen in ein Sieb abgießen, kalt abbrausen und abtropfen lassen. Die Cocktailtomaten waschen und halbieren. Frühlingszwiebeln, Bohnen, Tomaten, Erbsen und Muschelnudeln in den Eintopf geben und weitere 6 bis 7 Minuten köcheln lassen. Die Minestrone mit Salz, Pfeffer und Chiliflocken würzen.

5 Den Eintopf in Schälchen verteilen, je 1 Klecks Ricotta in die Mitte geben und mit Parmesan bestreuen. Nach Belieben mit Basilikumblättern garnieren.

TIPP *Ricotta ist ein cremiger Frischkäse, der aus Molke gewonnen wird. Besonders gut zu dieser herzhaften Suppe passt Büffelricotta. Er ist etwas körniger in der Konsistenz und aromatischer als herkömmlicher Ricotta aus Kuhmilch.*

Rosmarin-Zwiebel-Suppe
mit Oliven

ZUBEREITUNG // ⏱ 30 min

1 Den Rosmarin waschen und trocken schütteln. Die Nadeln von den Zweigen zupfen und fein hacken. Die Zwiebeln und den Knoblauch schälen und in feine Würfel schneiden. Die getrockneten Steinpilze mit 100 ml heißer Brühe übergießen und 10 Minuten quellen lassen.

2 Das Olivenöl in einem großen Topf erhitzen und die Zwiebelwürfel darin unter Rühren bei mittlerer Hitze etwa 10 Minuten dünsten. Den Knoblauch und den Rosmarin dazugeben und kurz mitdünsten. Die eingeweichten Steinpilze und die restliche Brühe hinzufügen und die Suppe zugedeckt 10 Minuten köcheln lassen.

3 Inzwischen die Zitrone heiß waschen, trocken reiben, die Schale fein abreiben und den Saft auspressen. Die Oliven in kleine Würfel schneiden.

4 Zitronenschale, Oliven und Mascarpone unterrühren und die Rosmarin-Zwiebel-Suppe mit Salz, Pfeffer und Zitronensaft abschmecken.

ZUTATEN FÜR 4 PERSONEN

½ Bund Rosmarin

500 g Zwiebeln

2 Knoblauchzehen

10 g getrocknete Steinpilze

800 ml Gemüsebrühe

2–3 EL Olivenöl

½ Bio-Zitrone

2 EL schwarze Oliven (ohne Stein)

1 EL Mascarpone

Salz · Pfeffer aus der Mühle

3 Frühlingszwiebeln
1 grüne Peperoni
2 Knoblauchzehen
1 Bio-Limette
2 EL Olivenöl
2 EL brauner Zucker
2 Dosen stückige Tomaten
(à 240 g Abtropfgewicht)
400 ml Gemüsebrühe
1 Kugel Mozzarella (125 g)
Salz · Pfeffer aus der Mühle

Tomatensuppe
mit Käse und Peperoni

ZUBEREITUNG // ⏱ 25 min

1 Die Frühlingszwiebeln putzen, waschen und in feine Würfel schneiden. Die Peperoni putzen, waschen und in Ringe schneiden. Den Knoblauch schälen und in feine Würfel schneiden. Die Limette heiß waschen, trocken reiben und die Schale mit dem Zestenreißer in feinen Streifen abziehen. Die Limette halbieren, eine Hälfte auspressen, die andere in Spalten schneiden.

2 Das Olivenöl in einem Topf erhitzen und die Frühlingszwiebeln darin – bis auf 2 EL zum Bestreuen – mit der Peperoni und dem Knob-lauch bei schwacher Hitze 2 Minuten dünsten. Mit dem braunen Zucker bestreuen und 1 bis 2 Minuten unter Rühren karamellisieren.

3 Limettensaft und Dosentomaten hinzufügen, die Brühe dazugießen und alles bei schwacher bis mittlerer Hitze 5 Minuten köcheln lassen. Den Mozzarella in kleine Würfel schneiden. Die Suppe mit Salz und Pfeffer abschmecken und in Schälchen verteilen. Mit Käsewürfeln, restlichen Frühlingszwiebelwürfeln und Limettenzesten bestreuen und mit den Limet-tenspalten garnieren.

Fischeintopf
mit Meeresfrüchten

500 g gemischte Fischfilets
(mit Haut; z.B. Rotbarbe,
Drachenkopf, Wolfsbarsch)
1 kg Muscheln (z.B. Venusmuscheln und Miesmuscheln)
4 Riesengarnelen
6–8 kleine Tintenfischtuben
(küchenfertig)
1 Möhre · 1 Fenchelknolle
2 Frühlingszwiebeln
1 Stange Staudensellerie
1 rote Chilischote
2 Knoblauchzehen
1 rote Zwiebel · 3 EL Öl
1 EL Tomatenmark
100 ml trockener Weißwein
ca. ¼ l Fischfond
250 g passierte Tomaten
1 Döschen Safranfäden (0,1 g)
Salz · Pfeffer aus der Mühle
Zitronensaft
8–12 schwarze Oliven
(ohne Stein)
einige Basilikumblätter

ZUBEREITUNG // 🕐 50 min

1 Die Fischfilets waschen und trocken tupfen. Die Muscheln unter fließendem kaltem Wasser säubern, geöffnete Muscheln aussortieren.

2 Von den Garnelen den Kopf abdrehen, mit einer Schere die Oberseite aufschneiden und die Schale bis auf den Schwanzfächer ablösen. Die Garnelen am Rücken nicht zu tief einschneiden und den Darm vorsichtig herausziehen. Die Garnelen und die Tintenfischtuben waschen und trocken tupfen, die Tintenfischtuben klein schneiden.

3 Die Möhre putzen und schälen. Den Fenchel, die Frühlingszwiebeln und den Sellerie putzen und waschen. Alles in etwa 1 cm große Würfel schneiden. Die Chilischote längs aufschneiden, entkernen, waschen und fein hacken. Den Knoblauch und die Zwiebel schälen und in feine Würfel schneiden.

4 Das Öl in einem Topf erhitzen, den Knoblauch und die Zwiebel darin andünsten, das Tomatenmark hinzufügen und kurz mitrösten. Dann Möhre, Fenchel, Frühlingszwiebeln, Sellerie und Chilischote dazugeben. Mit dem Wein ablöschen, aufkochen und auf die Hälfte einköcheln lassen.

5 Den Fond, die Tomaten und den Safran dazugeben, nochmals aufkochen lassen und anschließend weitere 10 bis 15 Minuten köcheln lassen. Falls nötig, noch etwas Fond hinzufügen. Mit Salz, Pfeffer und Zitronensaft abschmecken.

6 Die Fischfilets mit Salz und Pfeffer würzen und in portionsgroße Stücke schneiden. Mit den Muscheln, dem Tintenfisch, den Garnelen und den Oliven in den Eintopf geben und 6 bis 8 Minuten darin ziehen lassen. Anschließend noch geschlossene Muscheln entfernen. Den Eintopf nochmals abschmecken und mit Basilikumblättern garniert servieren. Nach Belieben geröstetes Weißbrot dazu reichen.

Farfalle-Salat
mit Riesengarnelen und Tomaten

ZUBEREITUNG // 🕐 25 min

1 Die Farfalle nach Packungsanweisung in reichlich kochendem Salzwasser bissfest garen. In ein Sieb abgießen, kalt abbrausen und abtropfen lassen.

2 Die Zitrone heiß waschen, trocken reiben, halbieren, den Saft auspressen und von einer Hälfte die Schale fein abreiben. Die Frühlingszwiebeln putzen, waschen und schräg in Stücke schneiden. Die Tomaten waschen und halbieren. Die Avocado halbieren, entsteinen, schälen und längs in Scheiben schneiden. Sofort mit 1 bis 2 EL Zitronensaft beträufeln.

3 Die Farfalle mit Frühlingszwiebeln, Tomaten und Schnittlauch in eine große Schüssel geben. Olivenöl, Essig, restlichen Zitronensaft, Salz, Pfeffer, 1 Prise Zucker und die Zitronenschale zu einem Dressing verrühren.

4 Die Riesengarnelen waschen und trocken tupfen. Das Basilikum waschen, trocken schütteln und die Blätter abzupfen. Den Nudelsalat mit dem Dressing mischen und auf tiefe Teller verteilen. Mit den Avocadoscheiben, den Garnelen und den Basilikumblättern garniert servieren.

ZUTATEN FÜR 4 PERSONEN

350 g Farfalle

Salz

1 Bio-Zitrone

2 Frühlingszwiebeln

200 g Cocktailtomaten

1 Avocado

2 EL Schnittlauchröllchen

5 EL Olivenöl

2 EL Weißweinessig

Pfeffer aus der Mühle

Zucker

300 g Riesengarnelen
(vorgegart; geschält)

1 Handvoll Basilikum

8 mittelgroße Artischocken

2–3 EL Zitronensaft

Salz

1–2 Handvoll Rucola

175 g Cocktailtomaten

3–4 EL Balsamico bianco

Pfeffer aus der Mühle

½–1 TL Honig

½ TL mittelscharfer Senf

4–5 EL Olivenöl

1 Knoblauchzehe

60 g Parmesan (am Stück)

Rucolasalat
mit Artischocken

ZUBEREITUNG // 🕐 25 min // 🍳 20 min

1 Von den Artischocken die Stiele und die harten Blattspitzen im oberen Teil abtrennen, die verblieben Blätter rund um den Artischockenboden abschneiden. Das „Heu" mit einem Teelöffel oder Kugelausstecher herauslösen. Die Artischockenböden sofort in Zitronenwasser legen, damit sie sich nicht verfärben.

2 Die Artischocken in kochendem Salzwassser zugedeckt etwa 20 Minuten bissfest garen.

3 Inzwischen den Rucola verlesen, waschen und trocken schleudern, grobe Stiele entfernen. Die Tomaten waschen und halbieren. Für die

Vinaigrette Essig, Salz, Pfeffer, Honig, Senf und 3 bis 4 EL Olivenöl verrühren. Den Knoblauch schälen und in feine Würfel schneiden. Das restliche Olivenöl in einer Pfanne erhitzen, den Knoblauch darin kurz anbraten, die Artischocken dazugeben und 1 bis 2 Minuten mitbraten.

4 Rucola und Tomaten auf Teller verteilen. Die Artischocken darauflegen und den Salat mit der Vinaigrette beträufeln. Den Parmesan darüberhobeln und den Salat servieren.

Bohnensalat
mit Paprika und Rucola

ZUTATEN FÜR 4 PERSONEN

200 g getrocknete Cannellini-
bohnen (alternativ aus dem Glas
oder der Dose)
1 Fenchel
2 rote Zwiebeln
2 rote Paprikaschoten
2 Frühlingszwiebeln
2 Handvoll Rucola
2 EL Kapern
4 EL Olivenöl
ca. 1 TL Meersalz
Pfeffer aus der Mühle
½ TL Zucker
2 Knoblauchzehen
3 EL Zitronensaft

ZUBEREITUNG // ⏱ 30 min // 💧 12 h // 🍳 25 min

1 Getrocknete Bohnen mindestens 12 Stunden (am besten über Nacht) in kaltem Wasser einweichen. Am nächsten Tag das Einweichwasser wegschütten und die Bohnen in kochendem Wasser etwa 25 Minuten bissfest kochen. Bei vorgegarten Bohnen aus der Dose oder dem Glas die Bohnen in einem Sieb mit kaltem Wasser abspülen, bis das Wasser klar ist. Die Bohnen abtropfen lassen.

2 Den Fenchel putzen, waschen und der Länge nach in feine Scheiben schneiden oder hobeln. Die Zwiebeln schälen und in feine Würfel schneiden. Die Paprikaschoten längs halbieren, entkernen, waschen und in dünne Streifen schneiden. Die Frühlingszwiebeln putzen, waschen und quer in Ringe schneiden. Den Rucola verlesen, waschen und trocken schleudern, grobe Stiele entfernen. Einige Stiele zum Garnieren beiseitelegen und den übrigen Rucola grob hacken.

3 Alle vorbereiteten Zutaten in einer Schüssel mit den abgetropften Bohnen mischen.

4 Für das Dressing die Kapern mit dem Olivenöl, dem Meersalz, etwas Pfeffer und dem Zucker mischen. Den Knoblauch schälen und durch die Knoblauchpresse dazudrücken. Den Zitronensaft unterrühren. Das Dressing über den Bohnensalat gießen und unterrühren. Den Salat nochmals abschmecken und mit dem restlichen Rucola garniert servieren.

TIPP *Diesem Salat macht es gar nichts aus, wenn er mal etwas länger stehen muss. Ganz im Gegenteil – je länger er ziehen kann, desto besser schmeckt er. Einzig und allein der Rucola als Deko leidet, besser man verzichtet dann auf ihn.*

Salat mit Fenchel
und Orangen

ZUTATEN FÜR 4 PERSONEN

1 Bund Radieschen
2 Fenchelknollen
2 Orangen · 1 Saftorange
1 Handvoll gemischte Kräuter
(z. B. Minze, Basilikum,
Fenchelgrün)
3–4 EL Balsamico bianco
1 TL mittelscharfer Senf
Salz · Pfeffer aus der Mühle
1 Msp. Chilipulver
½ TL Zucker · 4 EL Olivenöl

ZUBEREITUNG // 🕐 15 min // ⏳ 10 min

1 Die Radieschen putzen, waschen und in dünne Scheiben schneiden oder hobeln. Den Fenchel putzen, waschen und in hauchdünne Scheiben schneiden.

2 Die Orangen so großzügig schälen, dass auch die weiße Haut mit entfernt wird. Die Filets zwischen den einzelnen Trennhäuten herausschneiden. Die Saftorange halbieren und auspressen. Die Kräuter waschen, trocken schütteln und die Blätter bzw. Spitzen abzupfen und fein hacken.

3 Den Orangensaft mit Essig, Senf, Salz, Pfeffer, Chilipulver und Zucker verrühren. Das Olivenöl unterrühren, den Fenchel und die Radieschen damit beträufeln und gut mischen. Das Gemüse 10 Minuten ziehen lassen.

4 Anschließend die Orangenfilets und die Kräuter untermischen und den Salat auf Tellern anrichten.

Reissalat
mit getrockneten Tomaten

ZUTATEN FÜR 4 PERSONEN

½ l Gemüsebrühe
250 g Langkornreis
100 g schwarze Oliven
(ohne Stein)
100 g getrocknete Tomaten
(in Öl)
250 g Cocktailtomaten
2 Handvoll Rucola
2 Stiele Basilikum
4 EL Aceto balsamico
1 EL Zitronensaft
Salz · Pfeffer aus der Mühle
Zucker
5 EL Olivenöl

ZUBEREITUNG // ⏱ 30 min

1 Die Brühe in einem Topf zum Kochen bringen und den Reis darin bei mittlerer Hitze etwa 20 Minuten bissfest garen.

2 Inzwischen die Oliven in kleine Würfel schneiden. Die getrockneten Tomaten in Streifen schneiden. Die Cocktailtomaten waschen und halbieren. Den Rucola verlesen, waschen und trocken schleudern, grobe Stiele entfernen.

3 Für das Dressing das Basilikum waschen, trocken schütteln, die Blätter abzupfen und grob schneiden. Den Essig mit dem Zitronensaft, Salz, Pfeffer, 1 Prise Zucker und dem Olivenöl verrühren und abschmecken. Das Basilikum untermischen.

4 Den Reis in ein Sieb abgießen und mit den Tomaten, den Oliven und dem Rucola in eine Schüssel geben. Das Dressing darübergießen, den Salat untermischen und servieren.

Kartoffel-Rucola-Salat

mit Südtiroler Speck

ZUTATEN FÜR 4 PERSONEN

400 g kleine, festkochende
Kartoffeln
150 g Südtiroler Speck
(am Stück)
150 g Rucola
4 Tomaten
4 EL Apfelessig
1 TL scharfer Senf
Salz · Pfeffer aus der Mühle
6 EL Olivenöl
50 g Parmesan (am Stück)

ZUBEREITUNG // 🕐 25 min // ⏳ 30 min

1 Die Kartoffeln mit der Schale gründlich waschen und in kochendem Salzwasser etwa 20 Minuten weich garen.

2 Inzwischen den Speck erst in etwa ½ cm dicke Scheiben schneiden, dann quer in Streifen. Den Rucola verlesen, waschen und trocken schütteln, grobe Stiele entfernen. Die Tomaten kreuzweise einritzen, überbrühen, kalt abschrecken, häuten, vierteln und entkernen. Die Tomatenviertel in Würfel schneiden.

3 Für die Vinaigrette in einer Schüssel Essig, Senf, Salz, Pfeffer und das Olivenöl verrühren. Die Tomatenwürfel dazugeben.

4 Die Kartoffeln abgießen, ausdampfen lassen und möglichst heiß pellen. Noch warm in Scheiben schneiden und diese mit den Speckwürfeln und der Tomaten-Vinaigrette mischen. Den Salat etwa 30 Minuten durchziehen lassen. Nochmals mit Salz und Pfeffer abschmecken und den Rucola untermischen. Mit frisch gehobeltem Parmesan bestreut servieren.

INFO *Für die Schinkenspezialität Südtiroler Speck werden magere Schweinekeulen ohne Knochen verwendet. Das Fleisch wird mit natürlichen Kräutern und Gewürzen eingerieben und vor dem Kalträuchern über Buchenholz bis zu drei Wochen lang in kühlen Räumen gepökelt. In den folgenden Wochen reift der Südtiroler Speck bei gutem Luftaustausch, wobei die gesundheitlich unbedenkliche Schimmelschicht entsteht, die dem Fleisch den typischen, nussartigen Geschmack verleiht.*

Meeresfrüchtesalat
mit schwarzen Oliven

ZUBEREITUNG // 🕐 20 min

1 Die Gurke schälen, längs halbieren, die Kerne entfernen und das Fruchtfleisch in kleine Stücke schneiden. Den Sellerie putzen und waschen, die Blätter abzupfen und beiseitelegen. Die Stangen in dünne Scheiben schneiden.

2 Die Petersilie waschen, trocken schütteln und die Blättchen abzupfen. Das Basilikum waschen und trocken schütteln. Den Knoblauch schälen und in feine Würfel schneiden. Den Fenchel putzen, waschen und in hauchdünne Streifen schneiden. Die Schalotte schälen und in sehr feine Streifen schneiden.

3 Die Meeresfrüchte auf einem Sieb abtropfen lassen, in eine Schüssel füllen und mit Gurke, Sellerie, Knoblauch, Fenchel und Schalotte mischen. Mit Salz, Pfeffer, Zitronensaft und Olivenöl mischen und kurz ziehen lassen. Das Selleriegrün, die Petersilie und das Basilikum fein hacken, mit den Oliven unter den Salat mischen und nach Belieben mit frischem Weißbrot servieren.

ZUTATEN FÜR 4 PERSONEN

½ Salatgurke

2 Stangen Staudensellerie

4 Stiele Petersilie

4 Stiele Basilikum

1 Knoblauchzehe

1 Fenchelknolle

1 Schalotte

300 g Frutti di Mare (tiefgekühlt; gemischte, gegarte Meeresfrüchte)

Salz · Pfeffer aus der Mühle

4–5 EL Zitronensaft

2–3 EL Olivenöl

60 g schwarze Oliven (ohne Stein)

ZUTATEN FÜR 4 PERSONEN

300 g ital. Weißbrot (vom Vortag)
2 Knoblauchzehen
8 EL Olivenöl
1 EL gehackter Rosmarin
2 rote Zwiebeln
1 kleine Salatgurke
300 g Datteltomaten
1 Bund Basilikum
4 EL eingelegte Kapern
4 EL Aceto balsamico
1–2 TL Puderzucker
80 ml Gemüsebrühe
Salz · Pfeffer aus der Mühle
2 Kugeln Büffelmozzarella
60 g Fenchelsalami (in Scheiben)
60 g Parmesanspäne

Toskanischer Brotsalat
mit Fenchelsalami

ZUBEREITUNG // 🕐 30 min

1 Den Backofen auf 220 °C vorheizen. Das Brot in 2 cm große Würfel schneiden. Knoblauch schälen und fein würfeln. Mit 4 EL Olivenöl und dem Rosmarin verrühren. Brotwürfel auf einem Backblech verteilen, mit dem Rosmarinöl beträufeln und im Ofen unter mehrmaligem Wenden goldbraun rösten.

2 Zwiebeln schälen und in feine Ringe oder Streifen schneiden. Gurke schälen, längs halbieren und die Kerne entfernen. Die Hälften nochmals längs halbieren und schräg in 1½ cm große Stücke schneiden. Die Tomaten waschen und halbieren. Das Basilikum waschen, trocken schütteln und die Blätter abzupfen. Alles mit Brot und Kapern in einer Schüssel mischen.

3 Essig, Puderzucker und Brühe verrühren, mit Salz und Pfeffer würzen und das restliche Olivenöl unterschlagen. Die Vinaigrette unter den Salat heben und den Brotsalat auf Teller verteilen. Den Mozzarella in grobe Stücke zupfen und mit den Salamischeiben und den Parmesanspänen darübergeben.

PIZZA, PASTA & RISOTTO

Thunfischpizza
mit Zwiebeln und Oregano

ZUTATEN FÜR 4 PERSONEN

Für den Pizzateig

½ Würfel Hefe (21 g)

400 g Mehl · 1 TL Salz

4 EL Olivenöl

Für den Belag

6 kleine Zwiebeln

4 EL Olivenöl

3 Kugeln Mozzarella (à 125 g)

2 Dosen Thunfisch (im eigenen Saft; à 150 g Abtropfgewicht)

1 große Dose stückige Tomaten (480 g Abtropfgewicht)

Olivenöl zum Beträufeln

2 TL getrockneter Oregano

Außerdem

Öl für die Bleche

Mehl für die Arbeitsfläche

ZUBEREITUNG // ● 20 min // ⏳ 45 min // ▦ 50 min

1 Für den Pizzateig die Hefe zerbröckeln und in 125 ml lauwarmem Wasser auflösen. Das Mehl mit dem Salz in einer Schüssel mischen und eine Mulde hineindrücken. Die aufgelöste Hefe und das Olivenöl hineingießen und alles mit den Knethaken des Handrührgeräts kurz verrühren. Dann auf der bemehlten Arbeitsfläche zu einem glatten, elastischen Teig verkneten. Den Teig in der Schüssel mit Frischhaltefolie zugedeckt an einem warmen Ort etwa 45 Minuten gehen lassen.

2 Für den Belag die Zwiebeln schälen und in feine Ringe oder Streifen schneiden. Das Olivenöl in einer Pfanne erhitzen und die Zwiebeln darin andünsten. Herausnehmen und abkühlen lassen. Den Mozzarella abtropfen lassen und in Scheiben schneiden. Den Thunfisch auf einem Sieb abtropfen lassen und mit einer Gabel zerpflücken.

3 Den Backofen auf 250 °C vorheizen. Vier Pizzableche einfetten. Den Pizzateig in vier Portionen teilen und auf der bemehlten Arbeitsfläche jeweils in der Größe der Bleche ausrollen. Die Pizzableche mit dem Teig auslegen, dabei einen etwas dickeren Rand formen.

4 Die stückigen Tomaten auf den Pizzen verteilen, dabei den Rand frei lassen. Mit dem Mozzarella, den gedünsteten Zwiebeln und dem Thunfisch belegen, mit etwas Olivenöl beträufeln und mit dem Oregano bestreuen. Je 2 Pizzen nacheinander im Ofen 20 bis 25 Minuten goldbraun backen.

TIPP *Ökologisch bewusstes Einkaufen: Achten Sie beim Kauf von Thunfisch aus der Dose darauf, dass der Fisch aus kontrolliertem Fischfang stammt und ohne Treibnetze gefangen wurde.*

Gefüllter Pizzaring
mit Brokkoli und Paprika

ZUBEREITUNG // ⏱ 35 min // ⏳ 45 min // ▦ 35 min

1 Den Pizzateig wie beschrieben zubereiten und etwa 45 Minuten gehen lassen.

2 Die Brokkoliröschen in kochendem Salzwasser 1 Minute blanchieren, abgießen, kalt abschrecken und abtropfen lassen. Die Tomaten kreuzweise einritzen, überbrühen, häuten, vierteln, entkernen und in Würfel schneiden. Das Olivenöl in einer Pfanne erhitzen, die Zwiebeln darin andünsten und abkühlen lassen.

3 Den Backofen auf 200 °C vorheizen. Den Teig auf der bemehlten Arbeitsfläche zu einem großen Rechteck (45 × 20 cm) ausrollen. Sämtliche Gemüse mit Zwiebeln und Knoblauch mischen, kräftig mit Salz, Pfeffer und Kräutern würzen. Die Füllung auf dem Teig verteilen, diesen an den schmalen Seiten etwas einklappen und von der Längsseite her aufrollen. Zu einem Kreis formen und auf ein mit Backpapier belegtes Blech legen.

4 Mit Olivenöl beträufeln und im Abstand von 10 cm einschneiden, sodass die Füllung zu sehen ist. Nochmals 10 Minuten gehen lassen, dann im Ofen etwa 35 Minuten backen.

ZUTATEN FÜR 4–6 PERSONEN

1 Rezept Pizzateig (siehe S. 74)
300 g Brokkoliröschen · Salz
500 g Tomaten
2 EL Olivenöl
2 Zwiebeln (in feinen Streifen)
Mehl für die Arbeitsfläche
1 rote Paprikaschote (in Würfeln)
150 g Zucchini (in Würfeln)
5 Knoblauchzehen (in feinen Würfeln)
Pfeffer aus der Mühle
je ¼ TL getrockneter Rosmarin
und Thymian
Olivenöl zum Beträufeln

1 Rezept Pizzateig (siehe S. 74)

Für den Belag

250 g Champignons · 1 Schalotte

2 Knoblauchzehen

15 Artischockenherzen (in Öl)

100 g passierte Tomaten
(oder 100 ml selbst gemachter
Tomatensugo, siehe S. 14)

20 Scheiben Salami

Außerdem

Öl für die Bleche

Mehl für die Arbeitsfläche

Salamipizza
mit Pilzen und Artischocken

ZUBEREITUNG // ⏱ 20 min // ⏳ 45 min // ▦ 30 min

1 Den Pizzateig wie beschrieben zubereiten und zugedeckt etwa 45 Minuten gehen lassen.

2 Für den Belag die Champignons putzen, trocken abreiben und in feine Scheiben schneiden. Die Schalotte und den Knoblauch schälen und in feine Würfel schneiden. Die Artischockenherzen abtropfen lassen.

3 Den Backofen auf 250 °C vorheizen. Vier Pizzableche mit Öl einfetten. Den Hefeteig in vier Portionen teilen und auf der bemehlten Arbeitsfläche jeweils in der Größe der Bleche ausrollen. Die Pizzableche mit dem Teig aus-

legen und dabei einen etwas dickeren Rand formen. Alternativ zwei Backbleche nacheinander mit je einer Pizza belegen.

4 Die Pizzen dünn mit den passierten Tomaten bestreichen und mit den Schalotten- und Knoblauchwürfeln bestreuen. Mit den Salamischeiben, den Champignons und den Artischockenherzen belegen und nach Belieben mit getrocknetem Rosmarin bestreuen. Jeweils 2 Pizzen nacheinander im Ofen etwa 15 Minuten goldbraun backen.

Weiße Pizza

mit Ricotta und Parmesan

ZUTATEN FÜR 1 BACKBLECH

Für den Pizzateig
½ Würfel Hefe (21 g)
400 g Mehl · 1 TL Salz
4 EL Olivenöl
Für den Belag
200 g Mozzarella
100 g Parmesan (am Stück)
150 g Ricotta
Olivenöl zum Beträufeln
Salz · Pfeffer aus der Mühle
Außerdem
Öl für das Blech
Mehl für die Arbeitsfläche

ZUBEREITUNG // 🕐 20 min // ⏳ 45 min // ▦ 30 min

1 Für den Pizzateig die Hefe zerbröckeln und in 125 ml lauwarmem Wasser auflösen. Das Mehl mit dem Salz in einer Schüssel mischen und eine Mulde hineindrücken. Die aufgelöste Hefe und das Olivenöl hineingießen und alles mit den Knethaken des Handrührgeräts kurz verrühren. Dann auf der bemehlten Arbeitsfläche zu einem glatten, elastischen Teig verkneten. Den Teig in der Schüssel mit Frischhaltefolie zugedeckt an einem warmen Ort etwa 45 Minuten gehen lassen.

2 Den Backofen auf 250 °C vorheizen. Ein Backblech mit Öl einfetten. Für den Belag den Mozzarella abtropfen lassen und mit den Händen grob in Stücke zupfen. Den Parmesan auf der Käsereibe fein reiben.

3 Den Pizzateig direkt auf dem geölten Backblech ausrollen und mit dem Mozzarella und dem Parmesan bestreuen. Den Ricotta in Häufchen darauf verteilen. Die Pizza mit Olivenöl beträufeln und im Ofen auf der untersten Schiene 20 bis 30 Minuten goldbraun backen. Herausnehmen, mit etwas Salz bestreuen und Pfeffer grob darübermahlen.

TIPP *Garnieren Sie die weiße Pizza zur Abwechslung zusätzlich mit Rucola. Dafür 100 g Rucola mit Zitronensaft, Olivenöl, Salz und Pfeffer marinieren und die gebackene Pizza damit belegen.*

Ravioli
mit Basilikumpesto

ZUTATEN FÜR 4 PERSONEN

Für den Nudelteig

400 g Mehl · Salz

4 Eier

1 TL Olivenöl

Für das Pesto

100 g Basilikumblätter

70 g Pinienkerne

2–3 Knoblauchzehen

100 ml Olivenöl

je 50 g geriebener Parmesan
und Pecorino

Salz · Pfeffer aus der Mühle

Für die Füllung

500 gemischtes Hackfleisch

1 Ei

1 Schalotte

1 EL gehackte Petersilie

Salz · Pfeffer aus der Mühle

Außerdem

Mehl für die Arbeitsfläche

1 Eiweiß

ZUBEREITUNG // 🕐 1 h

1 Für den Nudelteig Mehl, ½ TL Salz, die Eier und das Olivenöl zu einem glatten, elastischen Nudelteig verkneten. Den Teig in Frischhaltefolie wickeln und 30 Minuten kühl stellen.

2 Für das Pesto die Basilikumblätter waschen, trocken schütteln und die Blätter abzupfen. Den Knoblauch schälen und grob hacken. Die Pinienkerne in einer Pfanne ohne Fett bei mittlerer Hitze goldbraun rösten und abkühlen lassen. Basilikum und Pinienkerne im Blitzhacker oder in der Küchenmaschine pürieren. Den Knoblauch und das Olivenöl untermixen, Parmesan und Pecorino unterrühren und das Basilikumpesto mit Salz und Pfeffer abschmecken (siehe auch S. 25).

3 Für die Füllung das Hackfleisch mit dem Ei in eine Schüssel geben. Die Schalotte schälen, in feine Würfel schneiden und mit der Petersilie unter das Hackfleisch kneten. Die Füllung mit Salz und Pfeffer würzen.

4 Den Nudelteig mit der Nudelmaschine oder dem Nudelholz auf der bemehlten Arbeitsfläche dünn ausrollen. Auf eine Teighälfte im Abstand von etwa 3 cm je 1 TL Füllung geben und rundum mit verquirltem Eiweiß bestreichen. Die zweite Teighälfte darüberschlagen und um die Füllung herum gut andrücken. Mit einem Teigrädchen Ravioli ausschneiden und die Ränder fest andrücken.

5 Die Ravioli in leicht siedendem Salzwasser 4 bis 5 Minuten gar ziehen lassen. Mit dem Schaumlöffel herausnehmen und abtropfen lassen. Die Ravioli mit dem Pesto in tiefen Tellern anrichten und nach Belieben mit Basilikum garnieren.

Spinat-Ravioli
mit Salbeibutter

ZUBEREITUNG // 🕐 1 h

1 Den Nudelteig wie beschrieben zubereiten und 30 Minuten ruhen lassen.

2 Inzwischen für die Füllung den Spinat putzen, waschen und in kochendem Salzwasser 2 Minuten blanchieren. In ein Sieb abgießen und abtropfen lassen. Gut ausdrücken und grob hacken. Den Ricotta, Salz, Pfeffer, Muskatnuss, den Parmesan, die Weißbrotbrösel und das Ei dazugeben und alles gut vermischen.

3 Den Teig auf der bemehlten Arbeitsfläche portionsweise dünn ausrollen und Kreise von etwa 6 cm Durchmesser ausstechen.

Auf jeden Teigkreis 2 TL der Füllung geben, die Teigränder mit Wasser bestreichen und zu Halbkreisen schließen. Die Ränder mit einer Gabel festdrücken.

4 Die Ravioli in reichlich kochendem Salzwasser 4 bis 5 Minuten garen, mit dem Schaumlöffel herausheben und abtropfen lassen. Knoblauch schälen, in feine Würfel schneiden und in der Butter anbraten. Die Salbeiblätter kurz darin schwenken. Die Ravioli mit der Salbeibutter anrichten.

ZUTATEN FÜR 4 PERSONEN

1 Rezept Nudelteig (siehe S. 81)

Für die Füllung

300 g Blattspinat

Salz

200 g Ricotta

Pfeffer aus der Mühle

frisch geriebene Muskatnuss

60 g frisch geriebener Parmesan

2 EL Weißbrotbrösel

1 Ei

Außerdem

Mehl für die Arbeitsfläche

2 Knoblauchzehen

50 g Butter

15 Salbeiblätter

ZUTATEN FÜR 4 PERSONEN

1 große Zwiebel
1 Knoblauchzehe
2 Bund Petersilie
400 g Rotelle · Salz
2 Hähnchenbrustfilets (à ca. 150 g)
6 EL Olivenöl
Pfeffer aus der Mühle
200 ml Gemüsebrühe
1 EL Zitronensaft
2 EL Mascarpone

Rotelle
mit Hähnchen

ZUBEREITUNG // 🕐 35 min

1 Zwiebel und Knoblauch schälen und in feine Würfel schneiden. Die Petersilie waschen und trocken schütteln. Einige Stiele für die Deko beiseitelegen, von den restlichen Stielen die Blätter abzupfen und ebenfalls fein hacken.

2 Die Rotelle nach Packungsanweisung in reichlich kochendem Salzwasser bissfest garen. Die Hähnchenbrustfilets waschen, trocken tupfen und in 2 EL Olivenöl auf beiden Seiten goldbraun braten. Mit Salz und Pfeffer würzen.

3 Das Fleisch aus der Pfanne nehmen. Zwiebel- und Knoblauchwürfel im verbliebenen Öl in der Pfanne dünsten. Die Brühe und den Zitronensaft dazugeben. Den Mascarpone unterrühren und die Sauce etwas einkochen lassen. Mit Salz und Pfeffer würzen, die gehackte Petersilie untermischen.

4 Die Petersilienstiele im restlichen Öl frittieren und auf Küchenpapier abtropfen lassen. Die Rotelle in ein Sieb abgießen und abtropfen lassen. Mit der Sauce, dem aufgeschnittenen Hähnchenfleisch und der frittierten Petersilie anrichten, nach Belieben mit Zitronenzesten garnieren.

Mein Lieblingsrezept für...

SPAGHETTI MIT SPARGEL-CARBONARA

🕐 30 min // Für 4 Personen

1 400 g grünen Spargel im unteren Drittel schälen, die Enden abschneiden. Den Spargel schräg in kurze Stücke schneiden, die Spitzen ganz lassen. 1 Handvoll Petersilie waschen, trocken schütteln, die Blätter abzupfen und fein schneiden. 400 g Spaghetti in reichlich kochendem Salzwasser nach Packungsanweisung bissfest garen.

2 In einer Schüssel 2 Eier und 3 Eigelb verquirlen. 80 g geriebenen Parmesan unterrühren und mit Pfeffer würzen.

3 100 g fein gewürfelten Pancetta in 1 EL Olivenöl knusprig anbraten und wieder herausnehmen. 1 EL Butter ins Bratfett geben und den Spargel darin 5 Minuten braten. 1 fein gewürfelte Schalotte und 1 gehackte Knoblauchzehe dazugeben und 3 Minuten mitbraten. Den Pancetta wieder untermischen und die Pfanne vom Herd nehmen.

4 Die Spaghetti mit einer Pastakralle aus dem Kochwasser nehmen (oder auf einem Sieb ganz kurz abtropfen lassen) und zum Spargel in die Pfanne geben. Die Eier-Käse-Mischung hinzufügen und alles schnell vermischen. Die gehackte Petersilie und eventuell noch etwas Kochwasser unterheben, die Spaghetti mit Salz und reichlich frisch gemahlenem Pfeffer abschmecken. Auf tiefen Tellern anrichten und nach Belieben noch etwas Parmesan darüberhobeln.

Spaghetti
mit sizilianischem Gemüse

ZUTATEN FÜR 4 PERSONEN

je 200 g rote, grüne und
gelbe Paprikaschoten
250 g weiße Zwiebeln
4 EL Olivenöl
3 EL Rotweinessig
1 kleine Dose geschälte
Tomaten (240 g Abtropfgewicht)
1 EL Aceto balsamico
Zucker · Salz
Pfeffer aus der Mühle
400 g Spaghetti
4 EL eingelegte Kapern
100 g Pecorino (am Stück)

ZUBEREITUNG // 🕐 30 min

1 Die Paprikaschoten längs halbieren, entkernen, waschen und in etwa 2 cm große Rauten schneiden. Die Zwiebeln schälen und längs in breite Scheiben schneiden.

2 In einem großen Topf das Olivenöl erhitzen, die Zwiebeln und die Paprikastücke darin einige Minuten andünsten. Den Rotweinessig und die Tomaten dazugeben, die Tomaten mit einer Gabel grob zerkleinern. Den Gemüsesugo mit Aceto balsamico, Zucker, Salz und Pfeffer kräftig abschmecken und bei schwacher Hitze etwa 15 Minuten köcheln lassen.

3 Die Spaghetti nach Packungsanweisung in reichlich kochendem Salzwasser bissfest garen.

4 Inzwischen die Kapern zum Gemüsesugo geben und untermischen. Die Sauce noch etwas ziehen lassen.

5 Den Pecorino mit dem Sparschäler in feine Späne hobeln. Die Spaghetti in ein Sieb abgießen und abtropfen lassen. Mit dem Gemüsesugo und dem gehobelten Pecorino anrichten und nach Belieben mit Thymianzweigen garnieren.

TIPP *Noch aromatischer wird der Gemüsesugo, wenn Sie einige getrocknete, in Öl eingelegte Tomaten klein schneiden und unterrühren. Wer es scharf mag, gibt eine gehackte rote Chilischote dazu.*

Spaghetti aglio e olio
mit getrockneter Chili

ZUTATEN FÜR 4 PERSONEN

500 g Spaghetti
Salz
4 Knoblauchzehen
2 getrocknete rote Chilischoten
einige Petersilienblätter
6–8 EL Olivenöl

ZUBEREITUNG // ⏱ 20 min

1 Die Spaghetti nach Packungsanweisung in reichlich kochendem Salzwasser bissfest garen.

2 Inzwischen den Knoblauch schälen und in feine Scheiben schneiden. Die Chilischoten zerbröseln und fein hacken. Die Petersilie waschen, trocken tupfen und fein schneiden.

3 Das Olivenöl in einer großen Pfanne erhitzen, Knoblauch und Chili darin anbraten, bis der Knoblauch goldbraun ist.

4 Die Spaghetti in ein Sieb abgießen und kurz abtropfen lassen. Die Spaghetti mit der Petersilie in der Pfanne im Knoblauchöl schwenken und mit Salz abschmecken.

Penne all'arrabbiata
mit Petersilie

ZUTATEN FÜR 4 PERSONEN

1 rote Zwiebel
4 Knoblauchzehen
400 g Tomaten
2 rote Chilischoten
4 EL Olivenöl
1 TL Tomatenmark
100 ml Gemüsebrühe
Salz
1 Msp. Zucker
1–2 EL Zitronensaft
500 g Penne
2 EL gehackte Petersilie
2–3 EL geriebener Parmesan

ZUBEREITUNG // 🕐 25 min

1 Zwiebel und Knoblauch schälen und in feine Würfel schneiden. Die Tomaten waschen und vierteln, dabei die Stielansätze entfernen. Die Tomatenviertel in schmale Spalten schneiden. Die Chilischoten längs halbieren, nach Belieben entkernen, waschen und in feine Würfel schneiden.

2 Das Olivenöl in einer Pfanne erhitzen, Zwiebel und Knoblauch darin andünsten. Das Tomatenmark dazugeben und kurz mitdünsten, dann die Tomatenspalten und Chiliwürfel untermischen. Mit der Brühe ablöschen und mit Salz, Zucker und Zitronensaft würzen. Die Tomatensauce zugedeckt bei schwacher Hitze etwa 5 Minuten köcheln lassen.

3 Die Penne nach Packungsanweisung in reichlich kochendem Salzwasser bissfest garen. Die Nudeln in ein Sieb abgießen und mit der Petersilie unter die Sauce mischen. Die Penne all'arrabbiata in tiefen Tellern anrichten und mit dem Parmesan bestreuen. Nach Belieben mit frittierter Petersilie garnieren.

Spaghetti bolognese
mit Parmesan

ZUTATEN FÜR 4 PERSONEN

Für die Sauce
200 g Zwiebeln
2 Knoblauchzehen
je 150 g Möhren und
Knollensellerie
3 EL Olivenöl
500 gemischtes Hackfleisch
(siehe Tipp)
Salz · Pfeffer aus der Mühle
2 EL Tomatenmark
100 ml trockener Rotwein
2 große Dosen stückige Tomaten
(à 480 g Abtropfgewicht)
200 ml Gemüsebrühe
1 Lorbeerblatt
3 Zweige Rosmarin · Zucker
getrocknete Chiliflocken
Außerdem
400 g Spaghetti · Salz
4 EL geriebener Parmesan

ZUBEREITUNG // 🕐 20 min // 🍳 1 h 10 min

1 Die Zwiebeln und den Knoblauch schälen und in feine Würfel schneiden. Die Möhren und den Sellerie putzen, schälen und in kleine Würfel schneiden.

2 Das Olivenöl in einem Topf erhitzen. Das Hackfleisch darin bei starker Hitze 8 bis 10 Minuten krümelig braten. Zwiebeln, Knoblauch und das Gemüse dazugeben und 2 bis 3 Minuten mitbraten. Mit Salz und Pfeffer würzen.

3 Das Tomatenmark unterrühren und 1 Minute anrösten. Mit dem Wein ablöschen und einköcheln lassen. Die Tomaten und die Brühe dazugeben und die Sauce zugedeckt bei schwacher Hitze etwa 1 Stunde köcheln lassen.

4 Das Lorbeerblatt und den Rosmarin mit Küchengarn zusammenbinden, dazugeben, 20 bis 30 Minuten mitköcheln lassen und wieder herausnehmen. Die Sauce mit Zucker, Salz, Pfeffer und Chili abschmecken.

5 Die Spaghetti in reichlich kochendem Salzwasser nach Packungsangabe bissfest garen. Die Nudeln in ein Sieb abgießen und abtropfen lassen. Die Spaghetti mit der Sauce bolognese anrichten und mit geriebenem Parmesan bestreut servieren.

TIPP *Einen besonders guten Biss bekommt die Bolognese, wenn der Metzger das Fleisch durch die grobe Scheibe des Fleischwolfs dreht oder Sie es selbst mit einem extrascharfen Messer möglichst fein würfeln. Ein extra kräftiges Aroma erhält, wer – wie in Italien oft üblich – ca. 125 g Hühnerleber hackt und mitgart. Für eine vegetarische Variante verwenden Sie statt des Hackfleischs je 2 rote und gelbe Paprikaschoten und 1 Zucchino in kleinen Würfeln und braten sie mit dem übrigen Gemüse an. Wenn Sie wollen, mischen Sie noch kleine Würfel Räuchertofu unter.*

Vermicelli
mit Venusmuscheln

ZUBEREITUNG // 🕐 35 min

1 Die Muscheln unter fließendem kalten Wasser gründlich abbürsten und waschen, geöffnete Muscheln aussortieren. Die Tomaten überbrühen, häuten, vierteln und entkernen. Das Fruchtfleisch in Würfel schneiden. Den Knoblauch schälen und in feine Würfel schneiden.

2 Den Knoblauch in einer Pfanne in 2 EL Olivenöl andünsten. Die Muscheln dazugeben und zugedeckt etwa 5 Minuten garen, bis sie sich öffnen. Geschlossene Muscheln aussortieren. Muscheln – bis auf einige für die Deko – auslösen, Sud durch ein feines Sieb gießen.

3 Vermicelli nach Packungsanweisung in reichlich kochendem Salzwasser bissfest garen. Inzwischen die Petersilie waschen und trocken schütteln, die Blätter von den Stielen zupfen und fein hacken.

4 Restliches Olivenöl erhitzen und die Tomatenwürfel darin andünsten. Muscheln, Sud, Wein und Petersilie hinzufügen. Alles etwa 3 Minuten erhitzen. Mit Salz und Pfeffer würzen. Die Vermicelli abgießen, abtropfen lassen und mit der Muschelsauce anrichten. Mit den Muscheln in der Schale garnieren.

ZUTATEN FÜR 4 PERSONEN

1 kg Venusmuscheln

200 g Tomaten

1 Knoblauchzehe

4 EL Olivenöl

500 g Vermicelli

Salz

½ Bund Petersilie

50 ml trockener Weißwein

Pfeffer aus der Mühle

ZUTATEN FÜR 4 PERSONEN

600 g Champignons
1 große Zwiebel
2 Knoblauchzehen
4 EL Olivenöl
1 Handvoll Basilikumblätter
2 Kugeln Mozzarella (à 125 g)
200 g Ricotta
100 g geriebener Parmesan · 1 Ei
Salz · Pfeffer aus der Mühle
250 g Cannelloni
Olivenöl für die Form
4 Tomaten (in Würfeln)
⅛ l trockener Weißwein
Basilikumblätter zum Garnieren

Cannelloni
mit Pilzfüllung

ZUBEREITUNG // ⏱ 25 min // ▦ 35 min

1 Die Pilze putzen, falls nötig, mit Küchenpapier trocken abreiben, und in dünne Scheiben schneiden. Die Zwiebel und den Knoblauch schälen und in feine Würfel schneiden. In einer Pfanne 2 EL Olivenöl erhitzen, zuerst Zwiebel und Knoblauch, dann die Pilze hinzufügen und andünsten. Vom Herd nehmen und abkühlen lassen.

2 Die Basilikumblätter waschen, trocken tupfen und in feine Streifen schneiden. Den Mozzarella in Würfel schneiden und die Hälfte davon mit Ricotta, Basilikum, Parmesan und Ei in einer Schüssel mischen. Die Pilze – bis auf 2 EL – unter die Ricottamasse mischen und mit Salz und Pfeffer würzen.

3 Den Backofen auf 200°C vorheizen. Die Füllung mit einem Spritzbeutel in die Cannelloni füllen und diese in eine gefettete Auflaufform legen. Tomaten, Wein, restliches Olivenöl und übrige Pilze verrühren. Mit Pfeffer würzen und über den Nudeln verteilen. Den restlichen Mozzarella darüberstreuen und die Cannelloni im heißen Ofen auf der mittleren Schiene 30 bis 35 Minuten backen.

Lasagne
mit Ricotta und Basilikum

ZUTATEN FÜR 4 PERSONEN

100 g Zwiebeln

2 Knoblauchzehen

je 100 g Möhren und
Staudensellerie

2 EL Olivenöl

400 g gemischtes Hackfleisch

2 EL Tomatenmark

1 große Dose stückige Tomaten
(480 g Abtropfgewicht)

200 ml Hühnerbrühe

Zucker

Salz · Pfeffer aus der Mühle

400 g Ricotta

160 g geriebener Parmesan

1 Ei

2 EL gehacktes Basilikum

2 Kugeln Mozzarella (à 125 g)

200 g Lasagneplatten

Butter für die Form

2 EL Butter (in Flocken)

1 Handvoll Basilikumblätter

ZUBEREITUNG // 🕐 20 min // 🍳 1 h 15 min

1 Die Zwiebeln und den Knoblauch schälen. Die Möhren und den Sellerie putzen und schälen bzw. waschen. Alles in feine Würfel schneiden.

2 Das Olivenöl in einem Topf erhitzen und das Hackfleisch darin krümelig braten. Zwiebeln, Knoblauch, Möhren und Sellerie dazugeben und 1 bis 2 Minuten mitbraten. Das Tomatenmark unterrühren und 1 Minute anrösten. Die Tomaten und die Brühe dazugeben und die Sauce bei schwacher Hitze 20 bis 25 Minuten köcheln lassen. Dann mit 1 Prise Zucker, Salz und Pfeffer würzen.

3 Den Backofen auf 180 °C vorheizen. Ricotta, 100 g Parmesan, Ei und Basilikum in einer Schüssel verrühren. Mit Salz und Pfeffer würzen. Den Mozzarella abtropfen lassen und in dünne Scheiben schneiden.

4 Die Hackfleischsauce, die Lasagneplatten, die Ricottacreme und die Mozzarellascheiben abwechselnd in eine gefettete Auflaufform schichten. Die letzte Schicht sollte aus Fleischsauce, Mozzarella und dem restlichen Parmesan bestehen.

5 Die Lasagne mit den Butterflocken belegen und im Ofen auf der mittleren Schiene 40 bis 50 Minuten goldbraun backen. Bräunt die Oberfläche zu schnell, einfach mit Alufolie abdecken. Die Lasagne portionieren, auf Tellern anrichten und mit Basilikumblättern bestreut servieren.

TIPP *Für eine besonders würzige Fleischsauce können Sie statt Hackfleisch auch 400 g Salsiccia-Brät verwenden. Die grobe italienische Bratwurst bekommen Sie in Feinkostläden oder gut sortierten Supermärkten.*

Radicchio-Risotto
mit geräucherter Entenbrust

ZUBEREITUNG // 🕐 40 min

1 Zwiebel und Knoblauch schälen, in feine
   Würfel schneiden. In einem Topf das
   Olivenöl erhitzen und beides darin 2 bis
   3 Minuten andünsten. Reis dazugeben, kurz
   mitdünsten. Mit dem Prosecco ablöschen
   und vollständig einköcheln lassen.

2 Den Reis mit etwas heißer Brühe aufgießen
   und wie auf Seite 98 (Step 3) beschrieben
   bissfest garen.

3 Den Radicchio putzen, vierteln und den weißen Strunk entfernen. Radicchio in 1 cm

breite Streifen schneiden, 10 Minuten in
warmes Wasser legen, abgießen und abtropfen lassen. In einer Pfanne in der Butter kurz
andünsten und mit dem Sirup unter den Risotto rühren.

4 Kalte Butter, Käse, Granatapfelkerne und
   Thymian unter den Risotto rühren. Risotto
   mit Salz, Pfeffer und Zitronenschale würzen
   und mit Spinatblättern und Entenbrust garniert servieren.

ZUTATEN FÜR 4 PERSONEN

1 Zwiebel

1 Knoblauchzehe

2 EL Olivenöl

250 g Risottoreis

150 ml Prosecco

1 l heiße Hühnerbrühe

400 g Radicchio · 2 EL Butter

1–2 EL Granatapfelsirup

60 g kalte Butter (in Würfeln)

60 g geriebener Parmesan

Kerne von 1 kleinen Granatapfel

1 TL gehackter Thymian

Salz · Pfeffer aus der Mühle

½ TL abgeriebene Bio-Zitronenschale

50 g junger Spinat (gewaschen)

120 g geräucherte Entenbrust
(in dünnen Scheiben)

ZUTATEN FÜR 4 PERSONEN

600 g Muskatkürbis

1 Zwiebel

1 Knoblauchzehe

4 EL Olivenöl

250 g Risottoreis

150 ml trockener Weißwein

1 Lorbeerblatt

1 Zimtstange

1 l heiße Gemüsebrühe

200 g Ziegenkäserolle

1–2 EL Mehl

60 g kalte Butter (in Würfeln)

60 g geriebener Parmesan

1 Bund Basilikum (grob gehackt)

Salz · Pfeffer aus der Mühle

etwas Zitronensaft

4 EL Mandelblättchen (geröstet)

Kürbis-Risotto
mit Ziegenkäse und Mandeln

ZUBEREITUNG // 🕐 40 min

1 Den Kürbis schälen, entkernen und in ½ cm große Würfel schneiden. Zwiebel und Knoblauch schälen, in feine Würfel schneiden und in einem Topf in 3 EL Olivenöl 1 bis 2 Minuten andünsten. Kürbis dazugeben, 2 bis 3 Minuten mitdünsten. Reis ebenfalls dazugeben und 1 bis 2 Minuten dünsten. Mit dem Wein ablöschen und vollständig einköcheln lassen.

2 Das Lorbeerblatt und die Zimtstange dazugeben. Den Reis mit etwas heißer Brühe aufgießen und wie auf Seite 98 (Step 3) beschrieben bissfest garen.

3 Den Ziegenkäse in 8 Scheiben schneiden, in Mehl wenden und in einer beschichteten Pfanne im restlichen Olivenöl auf beiden Seiten jeweils 1 Minute braten. Butterwürfel, Parmesan und Basilikum unter den Risotto rühren. Mit Salz, Pfeffer und Zitronensaft abschmecken und mit dem Ziegenkäse und den Mandeln servieren.

Spargel-Risotto
mit Garnelen und Mascarpone

ZUTATEN FÜR 4 PERSONEN

je 500 g weißer und
grüner Spargel
4 Schalotten
4 EL Olivenöl
250 g Risottoreis
150 ml Prosecco
800–900 ml heiße Gemüse-
oder Hühnerbrühe
Salz
500 g mittelgroße Garnelen
(küchenfertig)
Pfeffer aus der Mühle
milde Chiliflocken
100 g Mascarpone
60 g geriebener Parmesan
6 Stiele Minze
3 Stiele Estragon
Zucker
1 Spritzer Zitronensaft

ZUBEREITUNG // 🕐 45 min

1 Den weißen Spargel schälen und die holzigen Enden abschneiden. Spargel schräg in 1 cm dicke Scheiben schneiden. Den grünen Spargel nur im unteren Drittel schälen und die holzigen Enden abschneiden. Die Schalotten schälen und in feine Würfel
schneiden.

2 In einem Topf 2 EL Olivenöl erhitzen, die Schalotten und den
weißen Spargel darin 2 bis 3 Minuten andünsten. Den Reis dazugeben und 1 bis 2 Minuten mitdünsten. Mit dem Prosecco
ablöschen und vollständig einkochen lassen.

3 Den Reis mit etwas heißer Brühe aufgießen und diese unter gelegentlichem Rühren bei schwacher Hitze einköcheln lassen.
Den Vorgang wiederholen, bis der Reis nach 20 bis 25 Minuten
weich, aber im Kern noch al dente (also bissfest) ist.

4 Den grünen Spargel in kochendem Salzwasser 2 bis 3 Minuten
blanchieren, kalt abschrecken und abtropfen lassen. Schräg in
1 cm dicke Scheiben schneiden, zum Risotto geben und 1 bis
2 Minuten erwärmen.

5 Die Garnelen auf einem Sieb abbrausen und trocken tupfen.
Das restliche Olivenöl in einer Pfanne erhitzen und die Garne-
len darin bei starker Hitze 2 bis 3 Minuten anbraten. Mit Salz,
Pfeffer und Chiliflocken würzen.

6 Den Mascarpone und den Parmesan unter den Risotto rühren
und kurz erwärmen. Die Kräuter waschen und trocken schütteln, die Blätter abzupfen und – bis auf einige zum Garnieren –
fein hacken. Ebenfalls unter den Risotto rühren. Mit Salz, Pfeffer, Zucker und Zitronensaft abschmecken. Den Spargelrisotto
mit Garnelen und Kräutern garnieren und servieren.

TIPP *Anstelle der Garnelen können Sie auch 400 g Kalbsfilet in 1 cm dicke
Scheiben schneiden, im Olivenöl auf beiden Seiten anbraten und auf dem Risotto anrichten.
Für eine vegetarische Risottovariante die Garnelen einfach weglassen.*

Pilz-Risotto
mit Hähnchen

ZUBEREITUNG // 🕐 50 min

1 Zwiebel und Knoblauch schälen und in feine Würfel schneiden. Erbsen und Mais auftauen lassen. Die Hähnchenbrustfilets waschen, trocken tupfen und in Streifen schneiden. Die Pilze putzen und in Scheiben schneiden.

2 In einem Topf 2 EL Olivenöl erhitzen und das Fleisch darin rundum anbraten und wieder herausnehmen. Weitere 2 EL Olivenöl in den Topf geben und die Pilze darin anbraten. Wieder herausnehmen, das restliche Olivenöl hinzugeben und Zwiebel und Knoblauch darin andünsten.

3 Den Reis dazugeben und andünsten. Mit dem Wein ablöschen und einköcheln lassen. So viel heiße Brühe angießen, dass der Reis bedeckt ist, und unter häufigem Rühren einköcheln lassen. Den Vorgang wiederholen, bis der Reis nach etwa 25 Minuten bissfest ist. 5 Minuten vor Garzeitende das Fleisch, die Pilze, die Erbsen und den Mais hinzufügen.

4 Die Butter und den geriebenen Parmesan unterrühren und den Risotto mit Salz, Pfeffer und Zitronensaft abschmecken. Mit der Petersilie garniert servieren.

ZUTATEN FÜR 4 PERSONEN

1 Zwiebel · 1 Knoblauchzehe
100 g Erbsen (tiefgekühlt)
100 g Maiskörner (tiefgekühlt)
300 g Hähnchenbrustfilets
200 g Champignons
6 EL Olivenöl
250 g Risottoreis
200 ml trockener Weißwein
ca. 800 ml heiße Geflügelbrühe
200 g Champignons
2 EL Butter
3–4 EL frisch geriebener Parmesan
Salz · Pfeffer aus der Mühle
1–2 TL Zitronensaft
Petersilienblätter zum Garnieren

ZUTATEN FÜR 4 PERSONEN

750 g mehligkochende Kartoffeln
150 g Mehl
75 Weizengrieß
4 EL Butter
2 Eigelb
Salz · Pfeffer aus der Mühle
frisch geriebene Muskatnuss
Mehl für die Arbeitsfläche
400 g Tomaten
4 EL Olivenöl
100 g Mozzarella
10 Basilikumblätter
50 g geriebener Parmesan

Gnocchi
alla Napoletana

ZUBEREITUNG // ⏱ 35 min // 🍳 40 min

1 Die Kartoffeln waschen und mit der Schale in wenig Wasser etwa 35 Minuten garen. Die Kartoffeln abgießen, abdampfen lassen und pellen. Die Kartoffeln noch heiß durch die Kartoffelpresse drücken und abkühlen lassen.

2 Mehl, Grieß, Butter, Eigelbe, Salz, Pfeffer und 1 Prise geriebene Muskatnuss zu den Kartoffeln geben und alles zu einem glatten, elastischen Teig verkneten. Den Teig auf der bemehlten Arbeitsfläche zu fingerdicken Rollen formen. In 3 cm lange Stücke schneiden und mit dem Gabelrücken Rillen eindrücken.

3 In einem Topf reichlich Salzwasser aufkochen und die Gnocchi darin 3 bis 4 Minuten gar ziehen lassen. In ein Sieb abgießen und abtropfen lassen.

4 Die Tomaten überbrühen, häuten und in Würfel schneiden und im Olivenöl andünsten. Den Mozzarella in Würfel schneiden, das Basilikum waschen und trocken tupfen. Die Gnocchi mit Tomaten, Mozzarella und Basilikum anrichten und mit dem Parmesan bestreut servieren.

FLEISCH UND GEFLÜGEL

Mein Lieblingsrezept für...
Geflügel

HÄHNCHEN MIT PAPRIKAGEMÜSE

🕐 1 h 30 min // Für 4 Personen

1 4 Hähnchenschenkel waschen und gut trocken tupfen. Jeweils einige gewaschene Thymianzweige unter die Haut schieben. Die Nadeln von 1 großen gewaschenen Rosmarinzweig abzupfen und fein hacken. 2 Knoblauchzehen schälen und in feine Würfel schneiden.

2 Die Hähnchenschenkel mit Salz und Pfeffer würzen. In einem Bräter 1 EL Olivenöl und 1 EL Butter erhitzen und das Fleisch darin rundum goldgelb anbraten. Mit dem Rosmarin bestreuen, die Hälfte des Knoblauchs dazugeben und kurz mit anbraten. Mit ¼ l Hühnerbrühe ablöschen und zugedeckt etwa 30 Minuten schmoren.

3 1 kg Paprikaschoten längs halbieren, entkernen, waschen und in Streifen schneiden. 4 Sardellenfilets (in Öl) abtropfen lassen und grob hacken. In einer Pfanne 2 EL Öl erhitzen und die Sardellen darin andünsten, bis sie zerfallen. Paprikaschoten und restlichen Knoblauch dazugeben und unter Wenden etwa 10 Minuten andünsten. Mit 5 EL Balsamico bianco ablöschen und einkochen lassen.

4 Die Hähnchenschenkel herausnehmen, das Paprikagemüse zur Sauce geben und die Hähnchenteile wieder darauflegen. Zugedeckt weitere 30 Minuten schmoren. Die Sauce mit Salz und Pfeffer abschmecken. Die Hähnchenschenkel mit dem Paprikagemüse und Ciabatta servieren.

Ossobuco

mit Gremolata

1 Den Backofen auf 160 °C vorheizen. Zwiebeln schälen, Möhren und Sellerie putzen und schälen bzw. waschen. Alles in Würfel schneiden. Beinscheiben waschen, trocken tupfen, am Rand mehrmals einschneiden, mit Salz und Pfeffer würzen und in Mehl wenden. In einem Schmortopf 3 EL Olivenöl erhitzen, die Beinscheiben darin auf beiden Seiten goldbraun anbraten. Herausnehmen.

2 Zwiebeln, Möhren und Sellerie im Bratensatz anrösten. Den Puderzucker darüberstäuben, das Tomatenmark unterrühren und 1 Minute mitrösten. Mit dem Wein ablösen und fast vollständig einköcheln lassen. Tomaten, Fond und Fleisch dazugeben, mit Salz, Pfeffer und Thymian würzen und zugedeckt im Ofen auf der mittleren Schiene 2 ½ bis 3 Stunden schmoren.

3 Weißbrot in Würfel schneiden und im restlichen Olivenöl goldbraun rösten. Gremolata: Knoblauch schälen, in feine Würfel schneiden. Knoblauch, Petersilie und Zitronenschale in der heißen Butter andünsten. Mit den Brotwürfeln zum Ossobuco servieren.

ZUTATEN FÜR 4 PERSONEN

2 große Zwiebeln

100 g Möhren

100 g Staudensellerie

4 Kalbsbeinscheiben (à 300–350 g)

Salz · Pfeffer aus der Mühle

1–2 EL Mehl · 5 EL Olivenöl

1 TL Puderzucker

1 EL Tomatenmark

200 ml Rotwein

400 g stückige Tomaten (aus der Dose)

600 ml Rinderfond

1 EL gehackter Zitronenthymian

200 g Weißbrot (vom Vortag)

1 Knoblauchzehe

2 EL gehackte Petersilie

1 TL abgeriebene Bio-Zitronenschale

1 EL Butter

ZUTATEN FÜR 4 PERSONEN

1 kg Rinder-Hochrippe (mit Knochen)

Salz · Pfeffer aus der Mühle

1 EL getrockneter Rosmarin

2 Zwiebeln

150 g Knollensellerie

3–4 Möhren

1–2 Petersilienwurzeln

6 Zweige Thymian

6 Stiele Petersilie

2 Knoblauchzehen

2 EL Öl

100 ml trockener Weißwein

ca. ½ l Fleischbrühe

Hochrippe
im Gemüsesud

ZUBEREITUNG // 🕐 30 min // ▦ 2 h 5 min

1 Das Fleisch waschen, trocken tupfen und mit Salz, Pfeffer und Rosmarin einreiben. Die Zwiebeln schälen und in grobe Würfel schneiden. Sellerie, Möhren und Petersilienwurzeln putzen, schälen und in etwa 3 cm große Stücke schneiden. Die Kräuter waschen, trocken schütteln und die Blätter fein hacken. Den Knoblauch schälen und vierteln.

2 Das Öl in einem Topf erhitzen und Zwiebeln, Knoblauch und Gemüsewürfel darin andünsten. Mit Salz und Pfeffer würzen und mit Wein und Brühe ablöschen. Das Fleisch hineinlegen und die Hälfte der Kräuter dazugeben. Bei schwacher Hitze zugedeckt etwa 2 Stunden garen. Bei Bedarf noch etwas Brühe angießen.

3 Das Fleisch herausnehmen und in Alufolie gewickelt 10 Minuten ruhen lassen. Das Gemüse und den Garsud mit Salz und Pfeffer abschmecken. Zum Servieren das Fleisch mit dem Gemüse und der Sauce in tiefen Tellern anrichten. Mit den restlichen Kräutern bestreuen und servieren.

Rinderschmorbaten
mit Tomaten

ZUTATEN FÜR 6–8 PERSONEN

2 Zwiebeln

2 Knoblauchzehen

1 ½ kg Rinderbraten
(z. B. Schaufelstück)

Salz · Pfeffer aus der Mühle

3 EL Öl

1 EL Tomatenmark

200 ml trockener Rotwein

100 ml Portwein

ca. 800 ml Fleischbrühe

2 EL Aceto Balsamico

1 Zweig Rosmarin

6 Salbeiblätter

400 g Cocktailtomaten

50 g getrocknete Tomaten (in Öl)

ZUBEREITUNG // ⏱ 30 min // ▦ 2 h 30 min

1 Den Backofen auf 150 °C vorheizen. Die Zwiebeln und den Knoblauch schälen und beides in grobe Würfel schneiden. Das Fleisch waschen, trocken tupfen und mit Salz und Pfeffer würzen. In einem Bräter 2 EL Öl erhitzen, das Fleisch darin rundum anbraten und herausnehmen.

2 Das restliche Öl in den Bräter geben und die Zwiebeln und den Knoblauch darin andünsten. Das Tomatenmark unterrühren und kurz anrösten. Mit dem Rotwein ablöschen und etwas einköcheln lassen. Den Vorgang mit dem Portwein wiederholen und zum Schluss etwas Brühe angießen. Den Essig dazugeben und das Fleisch in den Sud legen.

3 Den Braten im Ofen auf der mittleren Schiene etwa 2 Stunden schmoren. Dabei das Fleisch immer wieder wenden und nach und nach die restliche Brühe angießen.

4 Rosmarin und Salbei waschen und trocken tupfen, vom Rosmarin die Nadeln abzupfen. Die Tomaten waschen und die getrockneten Tomaten grob hacken. Beides mit Rosmarinnadeln und Salbei in die Sauce geben und weitere 25 Minuten schmoren. Wenn das Fleisch gar ist, den Rinderschmorbraten mit Salz und Pfeffer abschmecken und nach Belieben mit Polenta servieren.

TIPP *Das Schulterstück vom Rind – auch Schaufelstück oder Bug genannt – wird auch gerne für andere Schmorgerichte wie Sauerbraten und Gulasch verwendet. Es ist mager und besitzt einen besonders hohen Bindegewebsanteil, der das Fleisch besonders mürbe und die Sauce extra sämig werden lässt.*

Saltimbocca
mit Kürbispüree

ZUBEREITUNG // 🕐 25 min // ▦ 1 h

1 Für das Kürbispüree den Backofen auf 180 °C vorheizen. Den Kürbis waschen und entkernen, die Kartoffeln schälen und waschen. Beides grob in Würfel schneiden, in eine ofenfeste Form geben und mit Salz und Pfeffer würzen. Das Olivenöl darübergießen und zugedeckt etwa 1 Stunde garen.

2 Für die Kalbsschnitzel das Fleisch nach Belieben flach klopfen und mit Salz und Pfeffer würzen. Jedes Schnitzel mit 2 Salbeiblättern und 1 Scheibe Schinken belegen und diese mit kleinen Holzspießchen fixieren.

3 Das Öl in einer Pfanne erhitzen und die Schnitzel auf beiden Seiten 3 bis 4 Minuten braten. Die Schnitzel herausnehmen und warm halten. Den Bratensatz mit dem Wein und der Brühe ablöschen, etwas einkochen lassen, dann die kalte Butter unterrühren.

4 Kürbis und Kartoffeln grob zerstampfen und dabei die Butter und den Zitronensaft untermischen. Mit Salz und Pfeffer abschmecken. Die Saltimbocca mit dem Kürbispüree auf Tellern anrichten und die Schnitzel mit dem Bratenfond begießen.

ZUTATEN FÜR 4 PERSONEN

Für das Kürbispüree
800 g Hokkaidokürbis
2 mehligkochende Kartoffeln
Salz · Pfeffer aus der Mühle
3 EL Olivenöl
2 EL Butter
1 EL Zitronensaft
Für die Schnitzel
4 Kalbsschnitzel (à 150 g)
Salz · Pfeffer aus der Mühle
8 Salbeiblätter
4 Scheiben Parmaschinken
3 EL Öl
50 ml trockener Weißwein
125 ml Fleischbrühe
30 g kalte Butter

ZUTATEN FÜR 4 PERSONEN

Für den Sugo

1 Rezept Tomatensugo (siehe S. 14)

Für die Schnitzel

8 kleine Kalbsschnitzel (à ca. 80 g; oder
Putenschnitzel)

Salz · Pfeffer aus der Mühle

2 Eier

60 g geriebener Parmesan

10 EL Weißbrotbrösel

Mehl zum Wenden

4 EL Olivenöl

2 TL Butter

Außerdem

350–400 g Spaghetti

Salz

Basilikumblätter zum Garnieren

Kalbsschnitzel
auf Spaghetti mit Tomatensugo

ZUBEREITUNG // 🕐 40 min

1 Den Tomatensugo wie auf Seite 14 beschrieben zubereiten und bei schwacher Hitze etwa 30 Minuten köcheln lassen.

2 Inzwischen die Schnitzel vorsichtig flach klopfen und mit Salz und Pfeffer würzen. Die Eier in einem tiefen Teller verquirlen. Parmesan und Weißbrotbrösel in einem zweiten tiefen Teller mischen. Die Schnitzel zuerst in Mehl wenden, dann durch die Eimischung ziehen und zuletzt mit der Parmesan-Weißbrotbrösel-Mischung panieren.

3 In einer Pfanne Olivenöl und Butter erhitzen und die Schnitzel darin bei mittlerer Hitze 3 bis 4 Minuten auf jeder Seite braten. Die Spaghetti in reichlich kochendem Salzwasser nach Packungsanweisung bissfest garen, in ein Sieb abgießen und abtropfen lassen.

4 Die Schnitzel mit den Spaghetti und dem Tomatensugo auf Tellern anrichten und mit dem Basilikum garniert servieren.

Gefüllter Spanferkelbraten

mit Fenchel-Paprika-Gemüse

ZUTATEN FÜR 4–6 PERSONEN

Für den Braten

250 g Kalbsbrät

2 EL Sahne

getrocknete Lavendelblüten

1 EL Fenchelsamen

1 kleine geriebene Knoblauchzehe

½ TL geriebener Ingwer

½–1 TL abgeriebene
Bio-Zitronenschale

1 Spritzer Zitronensaft

Cayennepfeffer

2 EL Rosmarinnadeln (frisch gehackt)

1 kg Spanferkelbauch

Salz · Pfeffer aus der Mühle

Für das Gemüse

2 kleine Fenchelknollen

je 1 rote und gelbe Paprikaschote

125 ml Gemüsebrühe

1 Knoblauchzehe (in Scheiben)

1 Stück ausgekratzte Vanilleschote

½ Döschen Safranfäden (0,05 g)

2 EL Butter

Salz · Cayennepfeffer

ZUBEREITUNG // 🕐 35 min // ▦ 2 h 30 min

1 Für den Braten den Backofen auf 160 °C vorheizen. Ein Ofengitter auf die mittlere Schiene und darunter ein Abtropfblech schieben. Das Brät mit der Sahne glatt rühren und mit 1 Prise Lavendelblüten, Fenchel, Knoblauch, Ingwer, Zitronenschale und -saft, 1 Prise Cayennepfeffer und Rosmarin würzen. Den Spanferkelbauch auf der Fleischseite mit Salz und Pfeffer würzen. Mit Brät bestreichen, von der Längsseite her einrollen und mit Küchengarn in Form binden, sodass die Schwarte außen ist.

2 Den Spanferkelbauch im Ofen auf dem Gitter 2 Stunden garen. Anschließend die Temperatur auf 240 °C erhöhen und weitere 30 Minuten braten, dabei gelegentlich wenden. 10 Minuten vor Ende der Garzeit die Schwarte mit Salzwasser (1 EL Salz auf 100 ml Wasser) bestreichen.

3 Für das Gemüse den Fenchel putzen, waschen und in etwa 4 cm große Dreiecke schneiden. Die Paprikaschoten halbieren, entkernen, waschen und mit dem Sparschäler schälen. Die Hälften in 2 bis 3 cm große Stücke schneiden. Die Brühe in einem Topf erhitzen, Fenchel und Paprika mit Knoblauch und Vanille dazugeben und den Safran einstreuen. Das Gemüse bei milder Hitze etwa 8 Minuten gar ziehen lassen. Zum Schluss die Butter darin zerlassen und mit Salz und 1 Prise Cayennepfeffer würzen.

4 Das Küchengarn vom Schweinebraten entfernen und den Braten in Scheiben schneiden. Die Bratenscheiben mit dem Fenchel-Paprika-Gemüse auf vorgewärmten Tellern anrichten. Dazu passen gebratene Kartoffelwürfel, karamellisierte Birnenviertel und eine Salsa verde.

Gefüllter Hackbraten
im Tomaten-Speck-Mantel

ZUBEREITUNG // ⏱ 30 min // ▦ 50 min

1 Den Tomatensugo wie auf Seite 14 beschrieben zubereiten und bei schwacher Hitze etwa 30 Minuten köcheln lassen.

2 Für den Hackbraten die Zwiebel schälen und in feine Würfel schneiden. Das Hackfleisch mit Zwiebel, 1 EL Petersilie, rohem Ei und Weißbrotbröseln in einer Schüssel mischen und mit Salz und Pfeffer würzen.

3 Die Hackfleischmasse zu einem länglichen, etwa 2 cm hohen Rechteck flach drücken. Mit Möhrenwürfeln, Eiervierteln, restlicher Petersilie und Parmesan bestreuen. Den Hackbraten aufrollen und mit den Speckscheiben umwickeln.

4 Das Olivenöl in einem großen Schmortopf erhitzen und den Polpettone darin rundum anbraten. Den Tomatensugo angießen, nochmals aufkochen und zugedeckt bei schwacher Hitze etwa 45 Minuten garen. Den Hackbraten dabei immer wieder mit Tomatensugo übergießen. In Scheiben geschnitten mit dem Sugo servieren. Dazu passt Reis.

ZUTATEN FÜR 4 PERSONEN

Für den Sugo
1 Rezept Tomatensugo (siehe S. 14)

Für den Hackbraten
1 Zwiebel
300 g Rinderhackfleisch
300 g Kalbshackfleisch
3 EL gehackte Petersilie
3 Eier (davon 2 hart gekocht)
3 EL Weißbrotbrösel
Salz · Pfeffer aus der Mühle
1 Möhre (fein gewürfelt)
100 g geriebener Parmesan
100 g Lardo (ital. fetter Speck; in Scheiben)
4 EL Olivenöl

1 Knoblauchzehe
2 Sardellenfilets (in Öl)
1 EL Kapern
800 g Schweinehackfleisch
1 Ei · 2 EL gehacktes Basilikum
Salz · Pfeffer aus der Mühle
ca. 80 g Weißbrotbrösel
ca. 3 EL Olivenöl
2 Tomaten
250 g Mozzarella
gehacktes Basilikum zum Garnieren

Überbackene Hackbällchen
mit Tomaten und Mozzarella

ZUBEREITUNG // 🕐 20 min // ▦ 20 min

1 Den Backofen auf 180 °C vorheizen. Den Knoblauch schälen und in feine Würfel schneiden. Die Sardellen und die Kapern trocken tupfen und jeweils fein hacken. Das Hackfleisch mit Knoblauch, Sardellen, Kapern, Ei und Basilikum gut mischen und mit Salz und Pfeffer würzen.

2 Aus der Hackfleischmasse 8 gleich große Bällchen formen und diese in den Weißbrotbröseln wälzen. In einer Pfanne in 2 EL Olivenöl 5 Minuten rundum anbraten, herausnehmen und in eine gefettete ofenfeste Form legen.

3 Die Tomaten waschen und jeweils in 4 Scheiben schneiden, dabei die Stielansätze entfernen. Den Mozzarella in 8 Scheiben schneiden. Die Bällchen mit je 1 Tomatenscheibe und 1 Scheibe Mozzarella belegen, mit Salz und Pfeffer würzen und im Ofen auf der mittleren Schiene etwa 15 Minuten überbacken.

4 Die Hackbällchen herausnehmen, mit Basilikum bestreuen und servieren. Dazu passen z. B. Rosmarinkartoffeln.

Thymian-Zitronen-Hähnchen
auf Rahmpolenta

ZUTATEN FÜR 4 PERSONEN

Für das Hähnchen

1 Brathähnchen (ca. 1,2 kg)

2 Bio-Zitronen

1 Bund Thymian

Salz · Pfeffer aus der Mühle

½ Knoblauchzehe

200 ml Geflügelfond

200 ml Weißwein

1 EL kalte Butter

Für die Polenta

1 Zwiebel

1 EL Olivenöl

200 ml Kalbsfond

100 g Sahne

80 g Instant-Polenta (Maisgrieß)

50 g Pinienkerne

50 g geriebener Pecorino

Salz · Pfeffer aus der Mühle

ZUBEREITUNG // 🕐 25 min // 🍳 1 h 30 min

1 Für das Hähnchen den Backofen auf 180 °C vorheizen. Ein Ofengitter auf die mittlere Schiene und darunter ein tiefes Backblech schieben.

2 Das Hähnchen innen und außen waschen und trocken tupfen. Die Zitronen heiß waschen, trocken reiben und vierteln. Den Thymian waschen und trocken schütteln.

3 Die Zitronen mit Salz, Pfeffer, Knoblauch und Thymianzweigen mischen und das Hähnchen damit füllen. Das Hähnchen auf dem Gitter im Ofen etwa 1 ½ Stunden garen. Das Backblech, in dem sich der Bratensaft sammelt, mit etwa ½ l Wasser auffüllen.

4 Für die Polenta die Zwiebel schälen und in feine Würfel schneiden. Das Olivenöl in einem Topf erhitzen und die Zwiebel darin andünsten. Mit dem Kalbsfond ablöschen und die Sahne dazugießen. Die Polenta unter Rühren einrieseln lassen und nach Packungsanweisung garen. Zum Schluss die Pinienkerne und den Pecorino untermischen und die Polenta mit Salz und Pfeffer abschmecken.

5 Das Hähnchen aus dem Ofen nehmen und tranchieren. Die Hähnchenteile im Ofen warm halten. Den aufgefangenen Bratensud mit dem Geflügelfond und dem Wein in einen Topf geben und auf ein Drittel einkochen. Die Sauce mit der kalten Butter binden.

6 Die krossen Hähnchenstücke auf Teller verteilen und mit der Rahmpolenta und der Weißweinsauce anrichten.

TIPP *Noch mehr Gäste? Dann bereiten Sie doch einen Masthahn auf die gleiche Art und Weise zu. Ein Masthahn ist ein besonders fleischiger, kastrierter Hahn von 2,5 bis 3 kg Gewicht, auch Kapaun genannt. Die Bratzeit erhöht sich dann auf gut 2 Stunden.*

Gefüllte Hähnchenbrust
mit Parmaschinken

ZUBEREITUNG // 🕐 40 min

1 Den Backofen auf 200 °C vorheizen. Die Hähnchenbrustfilets waschen, trocken tupfen und jeweils quer eine Tasche einschneiden. Jede Tasche mit 2 Mozzarellascheiben und 2 Salbeiblättchen füllen. Mit Salz und Pfeffer würzen, mit je 1 Scheibe Parmaschinken umwickeln und mit Holzspießchen fixieren. Die Hähnchenbrüste in eine ofenfeste Form legen, den Wein angießen und im Ofen auf der mittleren Schiene 15 bis 20 Minuten garen.

2 Die Schalotten schälen und in feine Würfel schneiden. Die Tomaten überbrühen, häuten, vierteln und entkernen. Die Viertel in Würfel schneiden. Schalotten im heißen Olivenöl andünsten, Tomaten und Essig unterrühren und die Sauce 5 Minuten köcheln lassen.

3 Das Fleisch herausnehmen, in Alufolie wickeln und warm halten. Den Weinsud aus der Form durch ein Sieb in einen Topf gießen, aufkochen und auf die Hälfte einkochen lassen. Den Gorgonzolae und das Basilikum unter die Sauce rühren. Das Fleisch auf Tellern anrichten und mit der Sauce übergießen. Dazu passen weiße Bohnen.

ZUTATEN FÜR 4 PERSONEN

4 Hähnchenbrustfilets (à ca. 120 g)

200 g Mozzarella (in Scheiben)

8 Salbeiblätter

Salz · Pfeffer aus der Mühle

4 Scheiben Parmaschinken

100 ml trockener Weißwein

2–3 Schalotten

2–3 Fleischtomaten

3 EL Olivenöl

1–2 EL Aceto balsamico

50 g Gorgonzola

2 EL gehacktes Basilikum

ZUTATEN FÜR 4 PERSONEN

600 g Tomaten
3 Stangen Staudensellerie
1 Zwiebel
2 Knoblauchzehen
6 Salbeiblätter
2 getrocknete Chilischoten
4 Hähnchenkeulen (à ca. 150 g)
Salz · Pfeffer aus der Mühle
2 EL Olivenöl
50 g grüne Oliven (ohne Stein)
100 ml trockener Weißwein

Hähnchenkeulen
in Chili-Tomatensugo

ZUBEREITUNG // ⏲ 30 min // ▦ 40 min

1 Die Tomaten waschen und vierteln, dabei die Stielansätze entfernen. Das Fruchtfleisch in kleine Würfel schneiden. Den Sellerie putzen, waschen und quer in dünne Scheiben schneiden. Zwiebel und Knoblauch schälen und in feine Würfel schneiden. Salbei waschen, trocken tupfen und in Streifen schneiden. Die Chilischoten im Mörser fein zerstoßen.

2 Die Hähnchenkeulen waschen, trocken tupfen und rundum mit Salz und Pfeffer würzen. Das Olivenöl in einem Schmortopf erhitzen, die Keulen darin bei mittlerer Hitze rundum

bei starker Hitze anbraten und wieder herausnehmen. Die Zwiebel, den Knoblauch und den Sellerie im Bratfett anbraten.

3 Salbei, Tomaten, Chili und Oliven hinzufügen, mit Salz abschmecken und die Hähnchenkeulen wieder hineinlegen. Den Wein angießen und alles zugedeckt bei schwacher Hitze etwa 30 Minuten schmoren. Bei Bedarf noch wenig Wasser oder Brühe angießen. Die Hähnchenkeulen mit dem Sugo auf Tellern anrichten und nach Belieben rustikales Weißbrot dazu servieren.

Lorbeerhuhn
mit Olivenkartoffeln

ZUTATEN FÜR 4 PERSONEN

1 Freiland-Huhn
(ca. 1,6 kg; küchenfertig)
6 EL Olivenöl
Meersalz
1 frischer Lorbeerzweig
(ca. 20 Blätter)
½ l Hühnerbrühe
750 g kleine festkochende
Kartoffeln
8 Knoblauchzehen oder
2 junge Knoblauchknollen
100 g grüne Oliven (ohne Stein)
Pfeffer aus der Mühle

ZUBEREITUNG // 🕐 20 min // 🔲 1 h 10 min

1 Den Backofen auf 180 °C vorheizen. Ein Ofengitter auf die mittlere Schiene und darunter ein tiefes Backblech schieben.

2 Das Huhn innen und außen waschen und trocken tupfen. Das Fett am Schwanzansatz entfernen. Das Huhn mit 2 EL Olivenöl bestreichen und innen und außen mit Salz würzen. Den Lorbeerzweig waschen, trocken schütteln und die Blätter abzupfen. Das Huhn mit 4 Lorbeerblättern füllen und nach Belieben Keulen und Flügel mit Küchengarn zusammenbinden. Die Brühe in das tiefe Backblech gießen, das Huhn darüber auf das Ofengitter legen und etwa 40 Minuten braten.

3 Die Kartoffeln schälen, waschen und längs halbieren. Die ungeschälten Knoblauchzehen leicht andrücken oder die Knoblauchknollen quer in Scheiben schneiden (siehe Tipp). Die Kartoffelhälften mit dem restlichen Olivenöl, den Knoblauchzehen und den Oliven mischen. Kräftig mit Salz und Pfeffer würzen und auf einem Backblech verteilen. Die restlichen Lorbeerblätter dazwischenlegen.

4 Das tiefe Backblech aus dem Ofen nehmen und die aufgefangene Flüssigkeit über die Kartoffeln träufeln. Das Blech mit den Kartoffeln in den Backofen unter das Huhn schieben. Das Huhn etwa 30 Minuten weiterbraten, dabei einmal wenden.

5 Das Huhn herausnehmen, die Schenkel und die Flügel abtrennen, die Brustfilets auslösen und das Fleisch mit den Kartoffeln anrichten. Nach Belieben können Sie das Huhn auch erst bei Tisch tranchieren.

TIPP *Junger Knoblauch, der im Frühsommer angeboten wird, schmeckt milder als ausgereifter Knoblauch. Seine Knollen sind weiß bis rosa und haben einen hellgrünen Stielansatz. Da die Zehen noch nicht ganz ausgebildet und relativ weich sind, schneidet man am besten die ganze Knolle quer in Scheiben.*

Geschmortes Kaninchen
mit Tomaten und Kräutern

ZUBEREITUNG // ⏱ 30 min // 🍳 1 h

1 Den Backofen auf 180 °C vorheizen. Das Kaninchen waschen, trocken tupfen und in 6 bis 8 Stücke teilen. Für die Marinade in einer Schüssel 4 EL Olivenöl mit etwas Salz und Pfeffer verrühren. Den Knoblauch schälen und durch die Knoblauchpresse dazudrücken. Den Estragon waschen und trocken tupfen, die Blätter abzupfen und fein hacken. Den Estragon unter die Marinade rühren und die Kaninchenteile damit bestreichen.

2 Schalotten schälen und in kleine Würfel schneiden. Restliches Olivenöl in einem Bräter erhitzen und die Kaninchenteile darin rundum anbraten. Die Schalotten dazugeben und kurz mitbraten. Den Wein angießen und das Kaninchen im Ofen auf der mittleren Schiene 40 bis 50 Minuten schmoren. Dabei ab und zu wenden und, falls nötig, noch ein wenig Wasser angießen.

3 Die Tomaten waschen, etwa 15 Minuten vor Ende der Garzeit hinzufügen und mitschmoren. Das Kaninchen aus dem Ofen nehmen und die Sauce mit Salz und Pfeffer abschmecken. Mit den Kräutern garniert servieren.

ZUTATEN FÜR 4 PERSONEN

1 Kaninchen
(küchenfertig; ca. 1,5 kg)
6 EL Olivenöl
Salz · Pfeffer aus der Mühle
4 Knoblauchzehen
4 Stiele Estragon
500 g Schalotten
200 ml trockener Rotwein
12 Cocktailtomaten
frische Kräuter zum Garnieren (z. B. Estragon und Kerbel)

ZUTATEN FÜR 4 PERSONEN

1 kg festkochende Kartoffeln
1 Knoblauchknolle
4 Lammhaxen
(Unterstelzen, à ca. 300 g)
Salz · Pfeffer aus der Mühle
1 TL getrockneter Rosmarin
1–2 Zweige Rosmarin
4 EL Olivenöl

Lamm mit Kartoffeln
und Knoblauch

ZUBEREITUNG // ⏱ 15 min // 🍽 1 h 30 min

1 Den Backofen auf 210 °C vorheizen. Die Kartoffeln mit der Schale gründlich waschen und in gleichmäßig große Spalten schneiden. Den Knoblauch mit der Schale quer halbieren.

2 Die Lammhaxen waschen, trocken tupfen und in eine große ofenfeste Form legen. Mit Salz, Pfeffer und dem getrockneten Rosmarin würzen. Die Kartoffeln, den Knoblauch und die Rosmarinzweige außen herum verteilen und alles mit dem Olivenöl beträufeln.

Im Ofen auf der mittleren Schiene 1 bis 1½ Stunden garen, dabei immer wieder wenden.

3 Die Lammhaxen aus dem Ofen nehmen und das Lamm nach Belieben in der Form servieren. Nach Belieben einen Salat dazu reichen.

Salsicce mit Birnen
Italienische Bratwurst

ZUTATEN FÜR 4 PERSONEN

12 Perlzwiebeln
5–6 kleine feste Birnen
(z. B. Conference oder Forelle)
3–4 Stiele Oregano
4–6 EL Butterschmalz
8 kleine Salsicce
(ital. Bratwurst)
grobes Meersalz
Pfeffer aus der Mühle

ZUBEREITUNG // 🕐 20 min

1 Die Zwiebeln schälen. Die Birnen waschen, vierteln und die Kerngehäuse entfernen. Den Oregano waschen und trocken tupfen.

2 Das Butterschmalz in einer Pfanne erhitzen und die Zwiebeln darin 2 bis 3 Minuten anbraten. Die Würste und die Birnenviertel dazugeben und weitere 5 bis 6 Minuten rundum braten.

3 Den Oregano hinzufügen und kurz mitbraten. Die Bratwürste mit Salz und Pfeffer abschmecken und sofort servieren.

4 Als Beilage dazu schmeckt eine Steinpilzpolenta oder Kartoffelpüree. Dazu 1 kg mehligkochende Kartoffeln waschen und in reichlich Salzwasser mit ½ TL Kümmelsamen weich kochen. Die Kartoffeln abgießen und noch möglichst heiß pellen. Die Kartoffeln durch die Kartoffelpresse drücken. ¼ l Milch erhitzen und mit einem Kochlöffel unter die durchgepressten Kartoffeln rühren, dabei 3 EL Butter untermischen. Das Püree mit Salz und Muskatnuss würzen.

TIPP   *Ersetzen Sie die Zwiebeln (oder einen Teil davon) durch geschälte und gegarte Maronen (Esskastanien). Maronen einfach zusammen mit den Würsten braten. Statt Oregano einige Zweige frischen Thymian mitbraten.*

FISCH &
MEERESFRÜCHTE

Seeteufel
im Pancettamantel

ZUTATEN FÜR 4 PERSONEN

800 g Seeteufelfilet
(ohne Haut)
Pfeffer aus der Mühle
12–16 Scheiben Pancetta
2 Bund Rucola
1 kleine Knoblauchzehe
1 Stiel Petersilie
4 EL Olivenöl
2 EL Zitronensaft
Salz
Honig
2 EL Kapern

ZUBEREITUNG // 🕐 30 min

1 Das Seeteufelfilet waschen, trocken tupfen und in 4 gleich
große Stücke schneiden. Mit Pfeffer würzen und mit je 3 bis
4 Scheiben Pancetta umwickeln. In einer Pfanne ohne Fett bei
mittlerer Hitze rundum 10 bis 15 Minuten braten.

2 Den Rucola verlesen, waschen und trocken schleudern. Grobe
Stiele entfernen. Den Knoblauch schälen und in feine Würfel
schneiden. Die Petersilie waschen und trocken tupfen, die Blätter abzupfen und fein hacken.

3 Das Olivenöl mit dem Zitronensaft verrühren, den Knoblauch
und die Petersilie unterrühren, mit Salz und Pfeffer würzen und
mit etwas Honig abschmecken.

4 Den Rucola auf Teller verteilen und mit dem Dressing beträufeln. Je 1 Seeteufelfilet darauf anrichten und die Kapern über
Salat und Fisch streuen. Nach Belieben in Scheiben geschnitte-
nes Weißbrot dazu reichen.

TIPP *Servieren Sie dazu Pizzabrot: Hierfür einen Pizzaboden (siehe S. 78) zubereiten, mit Olivenöl bestreichen und mit Knoblauch, gehacktem Rosmarin und Salz bestreuen.
Im Backofen bei 200 °C 15 bis 20 Minuten backen.*

Mein Lieblingsrezept für...

Fisch

WOLFSBARSCH IN TOMATEN-KAPERN-SAUCE

🕐 1 h // Für 4 Personen

1 Zwei Schalotten und 1 Knoblauchzehe schälen und in feine Würfel schneiden. 3 Sardellenfilets (in Öl) abtropfen lassen und grob hacken. ½ Bund Thymian und 3 Stiele Petersilie waschen und trocken schütteln. 50 g schwarze entsteinte Oliven grob hacken.

2 Die Schalotten und den Knoblauch in einem Topf in 3 EL Olivenöl andünsten. Die Sardellenfilets dazugeben und etwa 3 Minuten mit anschwitzen. Mit 125 ml Weißwein ablöschen und fast vollständig einkochen lassen.

3 400 g stückige Dosentomaten und 200 ml Wasser dazugeben und mit Salz und Pfeffer würzen. Die Blätter von 1 Petersilienstiel abzupfen, hacken und hinzufügen. 2 EL abgetropfte Kapern und die Oliven unterrühren und die Sauce etwa 10 Minuten ohne Deckel dicklich einkochen lassen.

4 Den Backofen auf 170 °C vorheizen. 2 küchenfertige Wolfsbarsche (Loup de mer; à 400–500 g) waschen und gut trocken tupfen. Mit Salz und Pfeffer würzen, in Mehl wenden und überschüssiges Mehl abklopfen. In einer großen Pfanne 2 EL Olivenöl erhitzen und die Fische darin von beiden Seiten goldgelb anbraten.

5 Die Sauce abschmecken und in einem Bräter oder einer ofenfesten Form verteilen. Die Fische darauflegen, jeweils mit einigen Thymianzweigen und je 1 Petersilienstiel füllen. Die Form verschließen und die Fische im Ofen auf der zweiten Schiene von unten 15 bis 20 Minuten garen.

4

5

Wolfsbarsch
mit Linsen, Artischocken und Salbei

ZUTATEN FÜR 4 PERSONEN

Für Sauce und Wolfsbarsch
4 Schalotten · 2 EL Butter
¼ l Weißwein
400 ml Gemüsefond
100 g Sahne
100 g kalte Butter (in Würfeln)
Salz · Pfeffer aus der Mühle
Saft von 2 Limetten
Filets von 2 Wolfsbarschen
(mit Haut) · Mehl
2 Zweige Thymian
2 EL Öl · 1 kleines Stück Butter

Für die Linsen und Artischocken
2 Schalotten
1 EL Butter
300 g braune Linsen
50 g Speckschwarte
300 ml Gemüsebrühe
1 kleines Stück Knollensellerie
(ca. 30 g; in Würfeln)
1 kleine Möhre (in Würfeln)
100 g passierte Tomaten
2 EL Aceto balsamico
Salz · Pfeffer aus der Mühle
1 Dose Artischockenherzen
(240 g Abtropfgewicht)
1 EL Olivenöl

ZUBEREITUNG // ⏱ 50 min

1 Für die Sauce die Schalotten schälen, in feine Würfel schneiden und in der Butter andünsten. Mit dem Wein ablöschen und einkochen lassen. Den Fond angießen und bei schwacher Hitze auf etwa 200 ml einkochen lassen. Kurz vor dem Servieren durch ein feines Sieb gießen und die Sahne angießen. Die kalte Butter mit dem Stabmixer unterrühren und die Sauce mit Salz, Pfeffer und 1 Spritzer Limettensaft abschmecken.

2 Für die Linsen die Schalotten schälen, in feine Würfel schneiden und in der Butter andünsten. Die Linsen und den Speck hinzufügen, mit der Brühe aufgießen und bei schwacher Hitze etwa 30 Minuten weich garen. Die Gemüsewürfel 5 Minuten vor Ende der Garzeit hinzufügen. Das Linsengemüse mit den passierten Tomaten, dem Aceto balsamico, Salz und Pfeffer abschmecken. Die Artischocken abtropfen lassen und achteln. Kurz vor dem Servieren im Olivenöl schwenken und mit Salz und Pfeffer würzen.

3 Für den Fisch die Wolfsbarschfilets waschen, trocken tupfen, auf der Hautseite dreimal leicht einritzen und mit Mehl bestäuben. Auf der Fleischseite mit Salz und Pfeffer würzen. In einer Pfanne auf der Hautseite mit dem gewaschenen Thymian im Öl und der Butter 2 bis 3 Minuten braten, bis die Haut kross ist und sich zwei Drittel des Filets weiß gefärbt haben. Die Pfanne vom Herd ziehen, die Filets wenden und in der Resthitze fertig garen. Mit dem restlichem Limettensaft beträufeln.

4 Das Linsengemüse als Bett auf Teller verteilen, den Wolfsbarsch darauflegen und die Artischocken darum herum anrichten. Die Sauce aufgeschäumt danebenträufeln. Nach Belieben mit frittierten und gesalzenen Salbeiblättern (siehe S. 134) garnieren.

Thunfisch-Saltimbocca
mit Oliven und weißen Bohnen

ZUTATEN FÜR 4 PERSONEN

600 g Thunfischfilet
Pfeffer aus der Mühle
20 Salbeiblätter
8 Scheiben Parmaschinken
2 EL Öl
1 große Dose weiße Bohnen
(450 g Abtropfgewicht)
60 g schwarze Oliven
(ohne Stein; z.B. Kalamata)
100 g Cocktailtomaten
4 EL Olivenöl · Salz · ½ TL abgeriebene Bio-Zitronenschale
Chiliflocken · 200 ml Weißwein
10 schwarze Pfefferkörner
1 Lorbeerblatt
100 g kalte Butter (in Würfeln)

ZUBEREITUNG // 🕐 35 min

1 Den Thunfisch waschen und trocken tupfen. In 4 längliche
Stücke schneiden und mit Pfeffer würzen. Mit je 2 Salbeiblättern belegen und mit je 2 Scheiben Schinken fest umwickeln.
Das Öl erhitzen und die restlichen Salbeiblätter darin kross anbraten. Herausnehmen und auf Küchenpapier abtropfen lassen.

2 Die Bohnen in ein Sieb abgießen, kalt abbrausen und abtropfen
lassen. Die Oliven grob hacken, die Tomaten waschen und halbieren. 2 EL Olivenöl in einer Pfanne erhitzen und Bohnen, Oliven und Tomaten darin andünsten. Mit Salz, Pfeffer, Zitronenschale und Chiliflocken würzen.

3 Den Wein mit den Pfefferkörnern und dem Lorbeerblatt in
einem Topf erhitzen und auf die Hälfte einköcheln lassen.
Durch ein Sieb gießen, dann die kalte Butter mit dem Stabmixer
untermixen.

4 Das restliche Olivenöl in einer Pfanne erhitzen und den Fisch
darin rundum 1 bis 2 Minuten knusprig braten. Mit dem Gemüse, den gebratenen Salbeiblättern und der Sauce anrichten.

Panzanella-Lachsspieße
mit Basilikumdip

ZUTATEN FÜR 4 PERSONEN

500 g Lachsfilet (ohne Haut)

8 Zweige Rosmarin
(je ca. 18 cm lang)

300 g Ciabatta
(vom Vortag; in Würfeln)

16 Scheiben Pancetta
(ital. Bauchspeck)

1 Knoblauchzehe (geschält)

4 EL Olivenöl

Salz · Pfeffer aus der Mühle

300 g Cocktailtomaten

1 rote Zwiebel · Zucker

1–2 EL Aceto balsamico

1 großes Bund Basilikum

2–3 EL Salatmayonnaise

Saft von ½ Zitrone

ZUBEREITUNG // 🕐 30 min

1 Lachs waschen und trocken tupfen. In 2 ½ cm große Würfel schneiden. Rosmarin waschen und trocken schütteln, die Nadeln bis auf die Spitzen abzupfen. Fisch und Brot abwechselnd auf die Rosmarinzweige stecken. Mit je 2 Pancettascheiben locker umwickeln. Ein Viertel der Rosmarinnadeln mit dem Knoblauch und 2 EL Olivenöl zerreiben (übrigen Rosmarin anderweitig verwenden). Mit wenig Salz und Pfeffer würzen.

2 Die Tomaten waschen und halbieren. Die Zwiebel schälen und in feine Streifen schneiden. Beides mit Salz, Pfeffer, Zucker und Essig würzen. Basilikum waschen und trocken schütteln. Die Blätter abzupfen, kleinere beiseitelegen, die anderen mit der Mayonnaise fein pürieren. Mit Zitronensaft, Salz und Pfeffer würzen.

3 Das restliche Olivenöl in einer Pfanne erhitzen und die Spieße darin bei mittlerer Hitze rundum 6 bis 8 Minuten knusprig braten. Das Würzöl dazugeben und kurz ziehen lassen. Die Spieße mit Zitronensaft, Salz und Pfeffer würzen. Mit dem Salat und dem Dip anrichten.

Rotbarbe
in Pergament

ZUTATEN FÜR 4 PERSONEN

4 große oder 8 kleine Rotbarben
(küchenfertig)
Salz · Pfeffer aus der Mühle
2 EL Zitronensaft
4 Bio-Zitronen
4 EL schwarze Oliven
(ohne Stein)
4 EL Olivenöl
1 Ciabatta

ZUBEREITUNG // 🕐 20 min // 🔲 30 min

1 Den Backofen auf 180 °C vorheizen. Die Rotbarben innen und außen waschen und trocken tupfen. Mit Salz und Pfeffer würzen und mit Zitronensaft beträufeln.

2 Die Zitronen heiß waschen, trocken reiben, 1 Zitrone in Spalten schneiden und beiseitestellen. Die restlichen Zitronen in dünne Scheiben schneiden und die Bauchhöhlen der Rotbarben damit füllen.

3 Die Oliven vierteln. Die Fische auf jeweils 1 Stück Pergamentpapier legen. Die Olivenviertel darauf verteilen und mit jeweils 1 EL Olivenöl beträufeln. Das Papier über den Fischen zusammenfalten und die Enden so einschlagen, dass das Päckchen geschlossen bleibt. Auf ein Backblech legen und im Ofen auf der mittleren Schiene 25 bis 30 Minuten garen.

4 Die Päckchen herausnehmen, auf Tellern anrichten und öffnen. Mit den beiseitegestellten Zitronenspalten garnieren und mit dem in dicke Scheiben geschnittenen Ciabatta servieren.

TIPP *Rotbarben sollten generell mit wenigen, nicht zu würzigen Zutaten auf schonende Weise zubereitet werden. So kommt ihr feiner Geschmack zur Geltung und geht nicht in anderen Aromen unter.*

Gefüllte Calamaretti
mit Kartoffeln und Paprika

ZUBEREITUNG // 🕐 25 min // ▦ 35 min

1 Tintenfischtuben innen und außen waschen, trocken tupfen, 150 g in kleine Würfel schneiden. Kartoffeln schälen, waschen und fein raspeln. Paprikaschote längs halbieren, entkernen, waschen und in kleine Würfel schneiden.

2 Den Oregano waschen, trocken schütteln und fein hacken. Die Chilischote waschen, der Länge nach halbieren, entkernen und fein hacken. Den Knoblauch schälen und mit den abgetropften Sardellen in feine Würfel schneiden.

3 Die Kartoffeln mit den Tintenfisch- und Paprikawürfeln, Oregano, Chili, Knoblauch, Sardellen und Weißbrotbröseln mischen. Die übrigen Tintenfischtuben damit füllen. Mit je 1 Holzspieß verschließen und außen mit Pfeffer würzen.

4 Das Öl in einer Pfanne erhitzen und die Tintenfischtuben darin rundum goldbraun anbraten. Mit dem Wein ablöschen. Den Fond angießen und die Tuben zugedeckt bei mittlerer Hitze 30 bis 35 Minuten schmoren. Falls nötig, noch etwas Fond angießen. Die gefüllten Calamaretti auf Tellern anrichten und mit Zitronenspalten servieren.

ZUTATEN FÜR 4 PERSONEN

800 g kleine Tintenfischtuben (küchenfertig)
400 g festkochende Kartoffeln
1 rote Paprikaschote
2 Stiele Oregano
1 rote Chilischote
2 Knoblauchzehen
3 Sardellenfilets (in Öl)
2–3 EL Weißbrotbrösel
Pfeffer aus der Mühle
2 EL Öl
150 ml trockener Weißwein
200–300 ml Fischfond
4 Zitronenspalten

20–24 rohe ungeschälte
Riesengarnelen
6 Knoblauchzehen
1 Bund Petersilie
3 Bio-Zitronen
1 kg grobes Meersalz

Riesengarnelen
mit Salz und Zitrone

ZUBEREITUNG // 🕐 20 min // 🍳 25 min

1 Die ungeschälten Garnelen waschen und
gründlich trocken tupfen. Den Knoblauch
schälen. Die Petersilie waschen und trocken-
schütteln. Die Blätter abzupfen und fein hacken. Den Knoblauch schälen, durch die
Presse drücken und mit der Petersilie mischen.

2 Den Backofen auf 220 °C vorheizen. Die Zitronen heiß waschen, trocken tupfen und in
20 bis 24 Scheiben schneiden. Die Hälfte des
Salzes auf ein Backblech streuen. Die Zitro-

nenscheiben darauf verteilen und die Garnelen darauflegen. Die Knoblauch-Petersilie
darüberstreuen. Die Garnelen mit dem restlichen Salz bedecken.

3 Die Riesengarnelen im vorgeheizten Backofen
20 bis 25 Minuten backen. Zum Servieren die
Garnelen schälen und Weißbrot und ein küh-
les Glas Weißwein dazu reichen.

Gebackene Sardinen

mit Knoblauchmayonnaise

ZUTATEN FÜR 4 PERSONEN

Für die Sardinen

800 g Sardinen
(küchenfertig; mit Kopf)

Meersalz

2 Knoblauchzehen

Saft von 1 Zitrone

4 EL Olivenöl

Pfeffer aus der Mühle

Mehl zum Wenden

Öl zum Braten

Für die Mayonnaise

6 Knoblauchzehen

1 Eigelb

1 Msp. scharfer Senf

Salz · Pfeffer aus der Mühle

ca. 120 ml Olivenöl

1 TL Zitronensaft

ZUBEREITUNG // 🕐 35 min // ▦ 15 min

1 Die Sardinen waschen und trocken tupfen. Innen und außen mit Salz würzen und in eine flache Form legen. Den Knoblauch schälen, in feine Würfel schneiden und mit Zitronensaft und Olivenöl verrühren. Die Mischung über die Sardinen gießen und die Fische darin wenden. Etwa 10 Minuten ziehen lassen.

2 Für die Mayonnaise die Knoblauchzehen schälen und durch die Knoblauchpresse in eine Schüssel drücken. Das Eigelb, den Senf, 1 Prise Salz und Pfeffer hinzufügen und die Mischung mit dem Schneebesen weiß-cremig rühren. Das Olivenöl erst tropfenweise, dann langsam fließend unter ständigem Rühren dazugießen. Das Olivenöl sollte immer erst vollständig untergerührt sein, bevor neues dazugegeben wird. Den Zitronensaft unterrühren und die Aioli mit Salz und Pfeffer abschmecken.

3 Die Sardinen aus der Marinade nehmen, mit Pfeffer würzen und im Mehl wenden. In einer heißen Pfanne in reichlich Öl portionsweise rundum 4 bis 5 Minuten goldbraun ausbacken. Herausnehmen, auf Küchenpapier abtropfen lassen und noch heiß servieren. Die Mayonnaise und nach Belieben eine halbierte Zitrone dazu reichen.

TIPP *Kleine zarte Sardinen (sarde) oder zarte Sardellen (alici) können samt Kopf und Schwanz verspeist werden. Man greift sie stilecht am Schwanz und lässt sie kopfüber im Mund verschwinden. Bei größeren Exemplare vom Fischhändler am besten den Kopf und die Mittelgräte entfernen lassen.*

Schwertfisch
mit Oliven-Pinienkern-Kruste

ZUBEREITUNG // ⏱ 25 min // // ❄ 30 min

1 Die Oliven fein hacken. Die Pinienkerne ohne Fett goldbraun rösten und ebenfalls fein hacken. In einer Schüssel 100 g Butter schaumig rühren. Pinienkerne, Oliven, Rosmarin und Weißbrotbrösel unterrühren. Mit Salz und Pfeffer würzen. Die Mischung in einem Gefrierbeutel mit dem Nudelholz etwa ½ cm dünn ausrollen. 30 Minuten kühl stellen.

2 Die Frühlingszwiebeln putzen, waschen und in 8 cm lange Stücke schneiden. In einer Pfanne 1 EL Olivenöl erhitzen und die Frühlingszwiebeln darin bei mittlerer Hitze 2 bis 3 Minuten andünsten. Restliche Butter hinzufügen und mit Salz, Pfeffer und Zucker würzen.

3 Den Backofengrill einschalten. Die Schwertfischfilets waschen und trocken tupfen. Das restliche Olivenöl in einer großen Pfanne erhitzen und die Filets auf beiden Seiten je 1 Minute anbraten. Mit Salz und Pfeffer würzen.

4 Aus der Buttermasse Rechtecke in der Größe der Fischfilets schneiden. Die Filets damit belegen und im Ofen auf der obersten Schiene 2 bis 3 Minuten gratinieren. Dazu nach Belieben Polenta mit Parmesan bestreut servieren.

ZUTATEN FÜR 4 PERSONEN

60 g getrocknete schwarze Oliven (ohne Stein)
80 g Pinienkerne
120 g weiche Butter
1 TL gehackter Rosmarin
1 EL Weißbrotbrösel
Salz · Pfeffer aus der Mühle
2 Bund Frühlingszwiebeln
2 EL Olivenöl · Zucker
4 Schwertfischsteaks (à 160–180 g; 2–3 cm dick, ohne Haut)

ZUTATEN FÜR 4 PERSONEN

4 kg Miesmuscheln

2 Möhren

1 Stange Lauch

1 Zwiebel

1 Knoblauchzehe

1 EL Butter

150 ml trockener Weißwein

100 ml Gemüsebrühe

Salz · Pfeffer aus der Mühle

50 g Sahne

Miesmuscheln
in Weißweinsauce

ZUBEREITUNG // ⏱ 25 min // 🍳 10 min

1 Die Muscheln unter fließendem kaltem Wasser gründlich abbürsten und die Bärte der Muscheln entfernen. Bereits geöffnete Muscheln aussortieren.

2 Die Möhren putzen, schälen und in kleine Würfel schneiden. Den Lauch putzen, der Länge nach einschneiden, waschen und in sehr feine Streifen schneiden.

3 Die Zwiebel und den Knoblauch schälen und beides in feine Würfel schneiden. Die Butter in einem großen Topf erhitzen und Zwiebel und Knoblauch darin andünsten. Die Möhre und den Lauch hinzufügen, kurz mitdünsten und mit dem Wein und der Brühe ablöschen. Den Sud mit Salz und Pfeffer würzen und aufkochen lassen.

4 Die Muscheln in den Sud geben und zugedeckt etwa 8 Minuten dämpfen, bis die Muscheln geöffnet sind. Noch nicht geöffnete Muscheln aussortieren.

5 Die Sahne unterrühren und den Sud nach Belieben abschmecken. Die Miesmuscheln mit der Weißweinsauce anrichten und mit Weißbrot servieren.

SÜSSES
UND GEBÄCK

Tiramisu
mit Vecchia Romagna

ZUTATEN FÜR 4 PERSONEN

200 ml heißer, starker Espresso
2 EL Vecchio Romagna
(ital. Brandy; ersatzweise
Cognac oder Weinbrand)
4 sehr frische Eigelb
80 g Zucker
½ Vanilleschote
500 g Mascarpone
150 g Löffelbiskuits
Kakaopulver zum Bestäuben

ZUBEREITUNG // ⏱ 20 min // ❄ 4 h

1 Den Espresso in einer kleinen Schüssel mit dem Brandy mischen und abkühlen lassen.

2 Eigelbe und Zucker so lange schaumig schlagen, bis sich der Zucker aufgelöst hat. Die Vanilleschote der Länge nach aufschneiden und das Mark herauskratzen. Zur Creme geben. Den Mascarpone nach und nach unterrühren.

3 Eine runde oder rechteckige Form mit der Hälfte der Löffelbiskuits auslegen und mit etwa 100 ml Espresso tränken. Die Hälfte der Mascarponecreme darauf verteilen und glatt streichen. Mit den restlichen Biskuits belegen, mit Espresso tränken und die restliche Creme darauf verteilen.

4 Die Form mit Frischhaltefolie abdecken und 3 bis 4 Stunden im Kühlschrank kalt stellen. Das Tiramisu vor dem Servieren dick mit Kakaopulver bestäuben.

TIPP *Anstelle des Brandys können Sie auch Amaretto zum Aromatisieren verwenden. Einen fruchtigen, frischen Geschmack erhält die Creme, wenn man 1 TL abgeriebene Bio-Zitronenschale unterrührt.*

Zabaione
mit Amaretti

ZUBEREITUNG // 🕐 30 min // 📟 30 min

1 Für die Amaretti die Eiweiße mit 1 Prise Salz zu einem festen Schnee schlagen, dabei nach und nach den Zucker einrieseln lassen. So lange weiterschlagen, bis sich der Zucker aufgelöst hat. Das Bittermandelaroma und die Zitronenschale unterrühren. Die Mandeln unterheben, sodass eine glatte Masse entsteht.

2 Den Backofen auf 150°C vorheizen. Ein Backblech mit Backpapier auslegen. Mit einem Teelöffel haselnussgroße Portionen von der Mandelmasse abstechen und mit 2 cm Abstand als kleine Kugeln auf das Backblech setzen. Die Mandelmakronen im vorgeheizten Ofen auf der mittleren Schiene 25 bis 30 Minuten hellbraun backen. Die Amaretti vom Backpapier lösen und abkühlen lassen.

3 Für die Zabaione die Eigelbe mit dem Puderzucker, 1 Prise Salz und 1 EL Wasser im heißen Wasserbad (siehe S. 155) schaumig schlagen. Nach und nach den Marsala dazugießen und weiterschlagen, bis eine feste, schaumige Masse entstanden ist. Die Zabaione auf große Espressotassen verteilen und noch heiß mit den Amaretti servieren.

ZUTATEN FÜR 4 PERSONEN

Für die Amaretti
2 Eiweiß
Salz
150 g Zucker
½ TL Bittermandelaroma
abgeriebene Schale von ½ Bio-Zitrone
200 g geschälte gemahlene Mandeln
Für die Zabaione
4 Eigelb
50 g Puderzucker
Salz
80 ml Marsala (ital. Dessertwein)

ZUTATEN FÜR 4 PERSONEN

1 Vanilleschote
500 g Sahne
3 EL Zucker
3 Blatt weiße Gelatine
200 g Himbeeren

Panna cotta
mit Himbeersauce

ZUBEREITUNG // 🕐 20 min // ❄ 6 h

1 Die Vanilleschote der Länge nach aufschneiden und das Mark herauskratzen. Die Sahne mit dem Zucker, der Vanilleschote und dem Vanillemark in einem Topf bei schwacher Hitze aufkochen und etwa 8 Minuten köcheln lassen.

2 Die Gelatine in kaltem Wasser einweichen. Den Topf vom Herd nehmen und die Vanilleschote wieder entfernen. Die Gelatine gut ausdrücken und unter Rühren in der heißen Vanillesahne auflösen.

3 Die Vanillesahne auf vier kleine kalt ausgespülte Förmchen oder Tassen verteilen und im Kühlschrank 6 Stunden fest werden lassen.

4 Die Himbeeren verlesen, waschen und trocken tupfen, einige für die Deko beiseitelegen. Den Rest mit dem Stabmixer fein pürieren und durch ein Sieb streichen. Zum Servieren die Förmchen in heißes Wasser tauchen, die Panna cotta mit einem spitzen Messer vorsichtig vom Rand lösen und auf Dessertteller stürzen. Mit der Sauce und den Himbeeren anrichten.

Mascarponecreme
mit Karamelläpfeln

ZUTATEN FÜR 4 PERSONEN

2 große säuerliche Äpfel

2 EL Butter

4 EL Ahornsirup

250 g Mascarpone

100 g fettarmer Joghurt

3–4 EL Zucker

100 g Sahne

20 g Amaretti

(ital. Mandelkekse;

siehe S. 148)

ZUBEREITUNG // ⏱ 20 min

1 Die Äpfel waschen, vierteln und nach Belieben schälen, die Kerngehäuse entfernen und die Viertel in Spalten schneiden. In einer Pfanne die Butter erhitzen und die Äpfel darin etwa 2 Minuten andünsten. Den Sirup hinzufügen, aufkochen lassen und die Pfanne vom Herd nehmen.

2 Den Mascarpone mit dem Joghurt, dem Zucker und nach Belieben mit 2 EL Calvados (Apfelbranntwein) glatt rühren. Die Sahne in einen Rührbecher geben, mit dem Handrührgerät steif schlagen und unterheben.

3 Die Äpfel mit der Flüssigkeit auf Gläser oder Schälchen verteilen und die Creme darübergeben. Die Amaretti grob zerdrücken und darüberstreuen. Nach Belieben etwas Kakaopulver mit einem feinen Sieb über die Creme stäuben.

VARIATIONEN:

Für Birnen-Mascarponecreme die Äpfel durch Birnen ersetzen und nach Belieben den Calvados durch Birnengeist.

Für Pfirsich-/Aprikosen-Mascarponecreme die Äpfel durch gehäutete Pfirsiche oder Aprikosen ersetzen und nach Belieben den Calvados durch Pfirsichlikör.

Für Mango-Mascarponecreme die Äpfel durch 1 Mango ersetzen, diese allerdings nicht andünsten, sondern nur mit etwas Limettensaft beträufeln; statt Joghurt Kokosmilch verwenden.

TIPP *Ein knuspriges Topping ist die Krönung eines jeden Desserts. Das können wie hier Kekse sein, kleine Baiserstückchen oder einfach geröstete Nüsse. Ganz köstlich ist auch selbst gemachter Mandelkaramell (siehe S. 153)*

Überbackene Pfirsiche
mit Marsala

ZUTATEN FÜR 4 PERSONEN

2 Eigelb
3 EL Zucker
50 ml Marsala (ital. Dessertwein)
Butter für die Form
1 Handvoll Cantuccini
(ital. Mandelkekse)
4 reife Pfirsiche
Puderzucker zum Bestäuben

ZUBEREITUNG // 🕐 25 min // 🍳 10 min

1 Die Eigelbe mit dem Zucker im heißen Wasserbad (siehe S. 155) mit dem Schneebesen cremig schlagen. Unter Rühren den Marsala dazugießen und etwa 10 Minuten weiterschlagen, bis sich das Volumen der Masse verdoppelt hat. Im kalten Wasserbad weiterschlagen und abkühlen lassen.

2 Den Backofen auf 220 °C vorheizen. Eine ofenfeste Form einfetten. Die Cantuccini zerbröseln und unter die Eicreme mischen. Die Pfirsiche waschen, halbieren, die Steine entfernen und die Früchte in die Form setzen. Mit der Cantuccini-Creme füllen und im Ofen auf der mittleren Schiene etwa 10 Minuten goldbraun gratinieren.

3 Die Pfirsiche herausnehmen, etwas abkühlen lassen und mit Puderzucker bestäubt servieren. Dazu nach Belieben Schlagsahne und Vanilleeis reichen.

Marsala-Birnen
mit Mandelkaramell

ZUTATEN FÜR 4 PERSONEN

Für das Mandelkaramell

75 g Zucker

75 g Sahne

150 g gehackte geschälte
Mandeln

Für die Birnen

4 Birnen (z. B. Williams Christ)

150 g Zucker

300 ml Marsala (ital. Desserwein)

ZUBEREITUNG // ⏱ 30 min // ▤ 15 min

1 Für das Mandelkaramell den Backofen auf 180 °C vorheizen. Den Zucker in einem Topf bei mittlerer Hitze schmelzen. Die Sahne angießen, die Mischung leicht einköcheln lassen und die Mandeln untermischen. Ein Backblech mit Backpapier auslegen und die Mandelmasse dünn darauf verstreichen. Im Ofen auf der mittleren Schiene 5 bis 7 Minuten goldbraun backen. Herausnehmen, noch heiß über ein geöltes Nudelholz drücken und auskühlen lassen. Das Mandelkaramell in grobe Stücke brechen.

2 Für die Birnen die Birnen schälen, halbieren und die Kerngehäuse entfernen. Den Zucker in einem Topf mit 4 EL Wasser karamellisieren. Mit dem Marsala ablöschen und rühren, bis sich der Karamell aufgelöst hat. Die Birnenhälften dazugeben und zugedeckt etwa 6 Minuten garen, bis sie weich sind, aber noch nicht zerfallen. Gelegentlich mit dem Sud beträufeln.

3 Die Birnen herausnehmen und auf Tellern anrichten. Den Sud sirupartig einköcheln lassen, die Birnen mit dem Sud beträufeln und mit je einem Stück Mandelkaramell garniert servieren.

Mandel-Parfait
mit Amaretto und Vin Santo

150 g Amarettini
(kleine ital. Mandelkekse)
40 ml Vin Santo (ital. Süßwein)
7 Eigelb
120 g Puderzucker
Mark von 1 Vanilleschote
6 EL Amaretto
(ital. Mandellikör)
500 g Sahne

ZUBEREITUNG // 🕐 25 min // ❄ 8 h

1 Am Vortag die Amarettini in einen Gefrierbeutel geben und mit dem Nudelholz grob zerbröseln. 50 g Amarettinibrösel abnehmen, mit dem Vin Santo beträufeln und beiseitestellen.

2 In einem Topf etwas Wasser aufkochen und die Hitze so weit reduzieren, dass das Wasser nur noch leicht siedet. Die Eigelbe, den Puderzucker und das Vanillemark in eine auf den Topf passende Metallschüssel geben. Die Schüssel auf den Topf setzen (der Schüsselboden sollte das Wasser nicht berühren) und die Eiermasse mit dem Schneebesen oder dem elektrischen Handrührgerät aufschlagen, bis sie dickschaumig ist.

3 Die Schüssel vom Wasserbad nehmen und die Masse weiterschlagen, bis sie kalt ist. Die eingeweichten Amarettini und den Amaretto unterrühren. Die Sahne steif schlagen und ein Drittel unter die Masse rühren. Den Rest portionsweise mit dem Teigschaber unterheben.

4 Eine Pieform (mindestens 1½ l Inhalt) oder eine Kastenform (30 cm lang) mit Frischhaltefolie auslegen. Die Hälfte der Parfaitmasse in die Form füllen, die restlichen Amarettinibrösel hineingeben und die übrige Parfaitmasse daraufgeben. Einen Löffelstiel spiralförmig durch die Masse ziehen, sodass sich die Brösel etwas verteilen. Das Parfait im Tiefkühlfach über Nacht gefrieren lassen.

5 Am nächsten Tag das Parfait etwa 20 Minuten vor dem Servieren aus dem Tiefkühlfach nehmen, auf eine Platte stürzen und die Frischhaltefolie abziehen. In Stücke schneiden und nach Belieben mit marinierten Beeren anrichten.

Kaffee-Halbgefrorenes
mit Schokoladensauce

ZUBEREITUNG // 🕐 30 min // ❄ 4 h

1 In einem Topf 100 ml Wasser mit dem Zucker unter gelegentlichem Rühren etwa 10 Minuten köcheln lassen. Vom Herd nehmen und abkühlen lassen. Anschließend den Zuckersirup mit den Eiern im heißen Wasserbad (siehe S. 155) cremig rühren.

2 Die weiße Kuvertüre fein hacken und in der warmen Eimasse schmelzen lassen. Im kalten Wasserbad kalt rühren. Die Sahne steif schlagen und unterheben.

3 Etwa zwei Drittel der Eismasse in vier gefrierfeste Gläser füllen. Unter die restliche Eismasse das Kaffeepulver und den Kakao rühren und auf der hellen Creme verteilen. Das Semifreddo mindestens 4 Stunden in das Tiefkühlfach stellen.

4 Das Semifreddo etwa 10 Minuten vor dem Servieren aus dem Tiefkühlfach nehmen. Die Zartbitterkuvertüre fein hacken und im heißen Wasserbad schmelzen. Noch warm über dem Semifreddo verteilen, mit den Mandeln garnieren und sofort servieren. Nach Belieben Mandel-Biscotti dazu reichen.

ZUTATEN FÜR 4 PERSONEN

100 g Zucker
2 Eier
100 g weiße Kuvertüre
300 ml Sahne
1 TL Instant-Kaffeepulver
1 TL Kakaopulver
100 g Zartbitterkuvertüre
2 EL geschälte gehackte Mandeln

ZUTATEN FÜR 4 PERSONEN

2 Stiele Minze
100 g Zucker
6 Bio-Zitronen
4 cl Apfelsaft
4 cl Pfirsichsaft
Minze zum Garnieren

Zitronengranité
mit Minze

ZUBEREITUNG // 🕐 25 min // ❄ 4 h

1 Die Minze waschen und trocken schütteln. Den Zucker mit 200 ml Wasser und der Minze in einem Topf aufkochen und etwa 5 Minuten sprudelnd kochen lassen. Den Topf vom Herd nehmen.

2 Die Zitronen waschen, quer halbieren und auspressen. Vier schöne Hälften innen von den Häuten befreien und tiefkühlen. Von einer der übrigen Hälften etwas Schale abschneiden und für die Garnitur in feine Streifen schneiden. Von einer weiteren Hälfte die Schale fein abreiben.

3 Den Zitronensaft mit der Zitronenschale und dem Apfel- und dem Pfirsichsaft unter den Sirup rühren und abkühlen lassen. Die Minze entfernen, die Flüssigkeit anschließend in eine flache Metallschale füllen und im Tiefkühlfach mindestens 4 Stunden gefrieren lassen. Das Granité währenddessen alle 30 Minuten mit der Gabel umrühren.

4 Das Granité mit einem scharfkantigen Löffel abschaben. In die tiefgekühlten Zitronenhälften füllen und mit Zitronenschale und mit Minze garniert sofort servieren.

Mein Lieblingsrezept für...
eine Tarte

RICOTTA-TARTE MIT ERDBEEREN

🕐 35 min // ❄ 3 h // 🍳 1 h // Für 12 Stücke

1 150 g gesiebtes Mehl, 1 Prise Salz, 50 g Zucker und 80 g kalte Butterstückchen auf der Arbeitsfläche zu Krümeln verreiben. 1 Eigelb dazugeben, glatt kneten, eventuell 1 TL kaltes Wasser zufügen. Den Teig in Frischhaltefolie wickeln, 1 Stunde kühl stellen.

2 Den Teig auf leicht bemehlter Arbeitsfläche rund (ca. 30 cm Ø) ausrollen, eine gefettete Tarteform (24 cm Ø) damit auslegen, mehrmals einstechen. 30 Minuten in das Tiefkühlfach stellen. Im vorgeheizten Backofen bei 180 °C (Mitte) etwa 15 Minuten vorbacken.

3 250 g Ricotta und 90 g Zucker glatt rühren, 250 g Mascarpone unterrühren. 2 Eier, 3 EL Limoncello und die fein abgeriebene Schale von 1 Bio-Zitrone unterrühren. 20 g Speisestärke darübersieben und unterrühren.

4 Ricottacreme auf dem Boden verteilen. 25 g gehackte Pistazien mit 2 EL Zucker fein mahlen, 1 bis 2 EL davon auf den Kuchen streuen. Bei 160 °C auf der unteren Schiene etwa 45 Minuten backen. Im ausgeschalteten Ofen mit leicht geöffneter Backofentür 1 bis 2 Stunden abkühlen lassen. Kühl stellen.

5 500 g Erdbeeren waschen, putzen und in Scheiben schneiden. Mit 3 EL Limoncello und 3 EL Puderzucker mischen, 30 Minuten marinieren. 6 bis 7 Minzeblättchen fein schneiden und untermischen. Tarte in Stücke schneiden, mit den Erdbeeren anrichten, mit dem restlichen Pistazienzucker bestreuen.

4

5

Zuppa inglese
Biskuitdessert

ZUTATEN FÜR 4 PERSONEN

Für den Biskuit
3 EL Speisestärke
3 EL Mehl
1 Msp. Backpulver
2 Eier
60 g Zucker

Für die Creme
1 Vanilleschote
75 g kandierte Früchte
¼ l Milch
Salz
2 Eigelb
4 EL Zucker
1 EL Mehl
½ EL Speisestärke

Außerdem
2 EL Marsala (ital. Dessertwein)
250 g Sahne
kandierte Früchte zum Garnieren

ZUBEREITUNG // 🕐 45 min // ❄ 4 h // 🍳 20 min

1 Für den Biskuit ein Backblech bis zur Hälfte mit Backpapier auslegen. Ein breites Stück Alufolie zur Hälfte unter das Backpapier schieben, die restliche Alufolie zusammenfalten und zu einem Rand nach oben biegen, sodass der später eingefüllte Teig nicht auslaufen kann.

2 Den Backofen auf 180 °C vorheizen. Speisestärke, Mehl und Backpulver mischen. Die Eier trennen. Die Eiweiße steif schlagen, dabei den Zucker einrieseln lassen. Die Eigelbe nacheinander mit dem Handrührgerät bei kleinster Stufe unterrühren. Die Mehlmischung unter den Eischaum ziehen und den Teig auf das vorbereitete Blech streichen. Den Biskuit im Ofen auf der zweiten Schiene von unten etwa 17 Minuten goldgelb backen.

3 Für die Creme die Vanilleschote längs halbieren und das Mark mit einem Messer herauskratzen. Die kandierten Früchte in kleine Würfel schneiden. Das Vanillemark mit der Milch und 1 Prise Salz in einem Topf aufkochen.

4 Die Eigelbe mit dem Zucker in einer Schüssel cremig rühren. Das Mehl und die Stärke untermischen. Die heiße Milch langsam hineinrühren und alles wieder in den Topf zurückgeben. Die Creme bei schwacher Hitze rühren, bis sie leicht eindickt, dabei aber nicht kochen. Die Creme abkühlen lassen, dabei ab und zu umrühren, damit sich keine Haut bildet.

5 Den Biskuit auf ein Küchentuch stürzen und abkühlen lassen. Dann in gleich große Streifen schneiden und gleichmäßig mit Marsala beträufeln. Biskuit, Creme und Früchte abwechselnd in eine längliche Form schichten und mit einer Schicht Biskuit abschließen. Die Sahne steif schlagen, auf das Dessert streichen und mit den kandierten Früchten garnieren. Die Zuppa inglese 4 Stunden tiefkühlen.

TIPP *Wenn Kinder mitessen, verwenden Sie statt des Marsalas einfach Orangensaft. Zuppa inglese hält sich abgedeckt 1 Tag im Kühlschrank. Biskuit und Vanillecreme lassen sich gut am Vortag zubereiten, den abgekühlten Biskuitteig dann in Frischhaltefolie wickeln.*

Biscotti
mit Haselnüssen

ZUBEREITUNG // 🕐 20 min // ▦ 30 min

1 Die Haselnüsse in einer beschichteten Pfanne
ohne Fett unter Rühren anrösten, dann grob
hacken und beiseitestellen.

2 Das Mehl auf die Arbeitsfläche häufen,
1 Prise Salz, Kakao- und Backpulver, Vanille-
zucker und Zucker gut untermischen. Eine
Mulde in die Mitte drücken, die Eier aufschlagen und hineingeben. Alle Zutaten zu
einem glatten Teig verkneten, bei Bedarf etwas Mehl dazugeben. Zum Schluss die Nüsse
und die Zitronenschale unterkneten. Den
Backofen auf 180 °C vorheizen.

3 Aus dem Teig 3 Teigrollen von etwa 3 cm
Durchmesser formen. Diese auf ein mit Backpapier ausgelegtes Backblech legen und im
Backofen auf der mittleren Schiene etwa
20 Minuten backen.

4 Das Backblech aus dem Backofen nehmen,
den Ofen jedoch nicht abschalten. Die Nuss-
stangen sofort mit einem scharfen Messer in
etwa 1 cm breite, schräge Stücke schneiden.
Die Stücke wieder auf das Blech legen und
auf beiden Seiten jeweils 4 bis 5 Minuten wei-
terbacken, dann vollständig abkühlen lassen.

ZUTATEN FÜR CA. 60 STÜCK

200 g Haselnusskerne

400 g Mehl

Salz

50 g Kakaopulver

½ Päckchen Backpulver

1 TL Bourbon-Vanillezucker

250 g Zucker

4 Eier

2 TL abgeriebene Bio-Zitronenschale

½ Würfel frische Hefe (21 g)
160 ml lauwarme Milch
400 g Mehl
Salz
175 g Zucker
4 Eigelb
200 g weiche Butter
Butter für die Förmchen
75 g Rum-Rosinen
100 g dunkle Schokoladentropfen (alternativ gehackte Zartbitterschokolade)
Puderzucker zum Bestäuben

Mini-Panettone
mit Schokolade

ZUBEREITUNG // ● 20 min // ⧖ 1 h 30 min // ▦ 30 min

1 Die Hefe in eine Schüssel bröckeln und in etwas Milch auflösen. Mehl, die restliche Milch, 1 Prise Salz und den Zucker unterrühren. Die Eigelbe und die Butter dazugeben, alles zu einem geschmeidigen Teig verkneten und zugedeckt an einem warmen Ort 45 Minuten gehen lassen.

2 Acht Porzellantassen oder kleine Backförmchen (etwa 10 cm Durchmesser; 8 cm hoch) einfetten. Die Rosinen und die Schokoladentropfen unter den Hefeteig kneten und den Teig weitere 30 Minuten gehen lassen.

3 Den Teig in 8 gleich große Stücke teilen, jeweils zu einer Kugel formen und auf die Formen bzw. Tassen verteilen. Nochmals 15 Minuten gehen lassen.

4 Den Backofen auf 160 °C vorheizen. Die Mini-Panettone im heißen Ofen auf der mittleren Schiene 25 bis 30 Minuten goldbraun backen (Stäbchenprobe machen!). Die Mini-Panettone herausnehmen, in den Tassen oder Förmchen auskühlen lassen und mit Puderzucker bestäubt servieren.

Panforte di Siena

Nuss-Früchte-Kuchen

ZUTATEN FÜR 16 STÜCKE

je 100 g Mandeln, Haselnuss-
und Walnusskerne

150 g getrocknete Feigen

150 g kandierte Früchte

je ¼ TL Zimt-, Nelken- und
Ingwerpulver

¼ TL gemahlener Koriander

¼ TL gemahlene Muskatblüte

150 g Puderzucker

100 g Honig

ca. 2 EL Mehl

1 EL Kakaopulver

1–2 EL Puderzucker zum
Bestäuben

ZUBEREITUNG // ⏱ 35 min // ▦ 30 min

1 Den Backofen auf 150 °C Umluft vorheizen. Die Mandeln und die Nüsse in einer Pfanne ohne Fett unter Rühren kurz anrösten, abkühlen lassen und grob hacken. Die Feigen und die kandierten Früchte in kleine Würfel schneiden, in eine Schüssel füllen und die Gewürze und die gehackten Nüsse untermischen.

2 Den Puderzucker und den Honig in einer Metallschüssel im heißen Wasserbad verrühren, bis die Masse schmilzt und Fäden zieht. Vom Herd nehmen und die Mischung unter Rühren etwas abkühlen lassen.

3 Die Honigmasse unter die Nuss-Früchte-Mischung mischen und 1 bis 2 EL Mehl sowie das Kakaopulver unterrühren. Eine Quiche- oder Springform (26 cm Durchmesser) mit Backpapier auslegen, den Teig einfüllen und glatt streichen. Im Ofen auf der mittleren Schiene etwa 30 Minuten backen.

4 Den Panforte herausnehmen und abkühlen lassen. Aus der Form lösen, dick mit Puderzucker bestäuben und in kleine Stücke geschnitten servieren.

TIPP *Besonders gut schmeckt dieser italienische Klassiker, wenn er vor dem Servieren gut in Frischhaltefolie verpackt 1 bis 2 Wochen durchziehen kann. Traditionell wird die Spezialität an Weihnachten mit einem Gläschen Vin Santo serviert.*

Register

Bildnachweis

UMSCHLAG
Eising Studio | Food Photo & Video
(Rezept Seite 15)

INNENTEIL
W. Cimbal: 14, 25 M. und u.;
Eising | Food Photo & Video: 15 M.
u., 18–19, 22–23; S. Eising: 59, 113;
J. Kirchherr: 26, 133; J.-P. Wester-
mann: 6–7, 8–17, 15 o. M., 20–21,
21 M. o., 21 u., 24–27, 28–29, 33,
40, 43, 44, 45, 47, 54, 57, 71, 72–
73, 88, 95, 96, 97, 99, 106, 121,
134, 135, 142, 150, 154;
W. Schardt: 34–35, 52–53, 84–85,
104–105, 130–131, 158–159;
STOCKFOOD: U. Bender: 17 r.;
B. Bonisolli: 58, 138; O. Brachat:
159, 165; N. Buroh: 67; Caggiano
Photography: 162; R. Castilho: 157;
F. Cole: 76; S. Eising: 15, 36, 37,
55, 92; Eising Studio | Food Photo &
Video: 16 o., 31, 48–49, 60, 65, 69,
82, 83, 87, 89, 93, 102–103, 107,
115, 119, 122, 125, 137, 139, 147,
148, 149, 160, 163; Foodcollection:
25 o., 75; Fotos mit Geschmack:
111; Gräfe & Unzer Verlag / Bi-
schof, Harry: 118; Gräfe & Unzer /
W. Schardt: 20, 27; T. Guth Linse:
126–127, 143; M. Hart: 62;
W. Heinze: 24 u.; M. Hendey: 141;
Imagerie: 81; I. Leoni: 77; T. Major:
100; M. Matassa: 66; G. Morgans:
24 M., 51; M. Paluchowska: 16 u.;
People Pictures: 39; PhotoCuisine /
Roulier/Turiot: 32, 123; L. Rose: 21
o.; W. Schardt: 109; B. Sporrer: 63;
Thelma & Louise: 144–145, 156;
C. Timmann: 24 o.; C. Tolhurst: 79;
Tower Above Studio: 41; A. Van
Berge: 153; I. Wallace: 70; B. Win-
kelmann: 114; A. Young: 101;
Zabert Sandmann Verlag / Kramp +
Gölling: 91, 110;

DIE REZEPTSYMBOLE

🕑 – Zubereitungszeit

🍳 – Garzeit

⌛ – Wartezeit

❄ – Kühlzeit

💧 – Einweich-/Marinierzeit

Auf den Geschmack gekommen?

Echt
heiß

Michael Koch
Echt Grillen
€ [D] 9,99
978-3-89883-473-5

Echt
frisch

Michaela Baur
Echt Gemüse
€ [D] 9,99
978-3-89883-477-3

Echt
knusprig

Michael Koch
Echt Braten
€ [D] 9,99
978-3-89883-496-4

Echt
knackig

Michael Koch
Echt Vegan
€ [D] 21,99
978-3-89883-446-9

Gleich
weiterlesen!

**Jetzt überall,
wo es gute Bücher gibt.**